Reclams Sommerbuch

Reclams Sommerbuch

Zusammengestellt von
Gerti Regen

Philipp Reclam jun. Stuttgart

Universal-Bibliothek Nr. 18127
Alle Rechte vorbehalten
© 2001 Philipp Reclam jun. GmbH & Co., Stuttgart
Umschlaggestaltung: Stefan Schmid, Stuttgart
Gesamtherstellung: Reclam, Ditzingen, Printed in Germany 2001
RECLAM und UNIVERSAL-BIBLIOTHEK sind eingetragene Marken
der Philipp Reclam jun. GmbH & Co., Stuttgart
ISBN 3-15-018127-5

Inhalt

ALPHONSE DAUDET
Die Feige und der Faulpelz 7

KENNETH WHITE
Nachbarn 12

LUDWIG THOMA
Der vornehme Knabe 20

FRANZ KAFKA
Die Nachteile großer Reiche 30

HANNES FRICKE
Große Liebe 31

ROBERT WALSER
Sommerfrische 36

LEOPOLDO ALAS (CLARÍN)
Die beiden Gelehrten 37

KURT KUSENBERG
Die Fliege 51

GABRIEL LAUB
Zeit zum Schlafen 56

ANTON TSCHECHOW
Der Reisende erster Klasse 57

MAX FRISCH
Hoch über dem Meer 68

GUY DE MAUPASSANT
Das Menuett 69

GIANNI RODARI
Am Strand von Ostia 76

WALERIJ BRJUSSOW
  Für mich selbst oder für eine andere? 78

JOHANN PETER HEBEL
  Eine sonderbare Wirtszeche 90

ROBERT GERNHARDT
  Die Reiseerzählung 92

HELFRICH PETER STURZ
  Die Reise nach dem Deister 100

RENÉ GOSCINNY
  Der Strand ist Klasse 105

ERNST BLOCH
  Fall ins Jetzt 110

ALFRED POLGAR
  Die Handschuhe 112

CEES NOOTEBOOM
  Onkel Alexander 116

KURT TUCHOLSKY
  Herr Wendriner in Paris 123

THEODOR FONTANE
  Die Goldene Hochzeitsreise 127

JOHANN WOLFGANG GOETHE
  Der Chodscha 130

*Verzeichnis der Autoren, Texte
und Druckvorlagen* 133

ALPHONSE DAUDET

Die Feige und der Faulpelz
Eine algerische Legende

In der lässigen und wollüstigen kleinen Stadt Blidah lebte, einige Jahre vor dem Einfall der Franzosen, ein braver Maure mit dem Vatersnamen Sidi Lakdar, den man in der Stadt den Faulpelz nannte.

Ihr wißt, daß die algerischen Mauren die lässigsten und gleichgültigsten Menschen dieser Erde sind, zumal die Bewohner von Blidah. Der betäubende Duft der Orangen und Zitronen, der über der Stadt schwebt, dürfte die Ursache sein. Was aber den Grad der Faulheit und Indolenz betraf, konnte nicht einer im Orte Sidi Lakdar das Wasser reichen. Der würdige Herr hatte sein Laster zur Höhe eines Berufs erhoben. So, wie der eine sich Sticker, der andere sich Kaffeesieder oder Gewürzkrämer nennen kann, so hatte Sidi Lakdar das Recht erworben, sich als Faulpelz zu bezeichnen.

Nach dem Tode seines Vaters hatte er ein unter den Wällen gelegenes Gärtchen geerbt, umgeben von einer weißen Mauer, die am Einstürzen war, und mit einer lose hängenden Pforte, die sich nicht schließen ließ. Im Gärtchen standen einige Feigen- und Bananenbäume, und es rieselten Quellen, die im Grase schimmerten. Dort verbrachte der Faulpelz sein Leben. Unbeweglich und in tiefem Schweigen lag er auf dem Rücken, und es focht ihn nicht an, daß die Ameisen durch seinen Bart krochen. Wenn er Hunger hatte, streckte er den Arm aus und hob eine Feige oder eine Banane, die in erreichbarer Nähe lag, auf. Hätte er aufstehen müssen, um eine

Frucht vom Baume zu pflücken, so hätte er den Hungertod vorgezogen. Deshalb verfaulten die Feigen auch an den Zweigen, und Mengen von Vögeln taten sich daran gütlich.

Diese jedes Maß übersteigende Faulheit hatte Lakdar zu einer Lokalberühmtheit gemacht. Man erwies ihm Respekt wie einem Heiligen. Wenn die Damen der Stadt, die auf dem Friedhof Süßigkeiten genascht hatten, an seinem Gärtchen vorüberkamen, ließen sie die Maultiere im Schritt gehen und flüsterten hinter den weißen Tüchern, die ihr Gesicht verhüllten. Die Männer verneigten sich ehrfürchtig, und nach Schulschluß lagen Jungen in gestreiften Seidenburnussen, mit roten Kappen auf dem Kopf, auf der Mauer und versuchten, den König der Faulpelze aufzurütteln. Sie riefen ihn beim Namen, lachten, trieben Narrenspossen und bewarfen ihn mit Orangenschalen.

Ihre Mühe war vergeblich. Der Faulpelz rührte sich nicht vom Fleck. Von Zeit zu Zeit hörte man ihn rufen: »Gnade euch, wenn ich aufstehe!« Aber er stand niemals auf.

Eines Tages geschah es, daß einer dieser Jungen, die den Faulpelz neckten, gewissermaßen von der Muse geküßt und von jäher Begeisterung für die horizontale Lage erfüllt wurde. Jedenfalls erklärte er eines Tages seinem Vater, er werde nicht mehr zur Schule gehen, sondern sich zum Faulpelz ausbilden.

»Was willst du?« rief der Vater, ein braver Drechsler, der Pfeifenrohre herstellte, fleißig wie eine Biene und beim ersten Hahnenschrei an der Drehbank. »Was? Faulpelz willst du werden? Welche Idee!«

»Ja, Vater, das will ich. Wie Sidi Lakdar.«

»Kommt gar nicht in Frage, mein Junge. Du wirst Drechsler wie dein Vater oder Gerichtsschreiber beim Kadi wie Onkel Ali, aber Faulpelz lasse ich dich nicht werden. Marsch, in die Schule! Oder ich zerschlage das schöne Stück Kirschbaumholz auf deinem Rücken, du kleiner Esel.«

Angesichts des Kirschstockes gab der Junge jeden Protest auf, er tat vielmehr, als habe er sich überzeugen lassen. Statt aber in die Schule zu gehen, betrat er einen maurischen Basar, versteckte sich hinter den Auslagen eines Händlers, kroch zwischen zwei hochstehende Teppichrollen, legte sich auf den Rücken und blieb so den ganzen Tag. Es gab ja allerhand zu sehen: maurische Laternen, Geldbeutel von blauem Tuch, Mieder mit goldenem Einsatz, der im Licht funkelte, und wollene Burnusse. Und über allen Herrlichkeiten schwebte der betäubende Duft verschiedener Essenzen. Auf diese Weise verbrachte der Junge nun die Stunden, in denen er in der Schule sitzen sollte.

Nach einiger Zeit kam der Vater dahinter. Aber er mochte schreien, toben, Allahs Namen mißbrauchen und das Hinterteil seines Sprößlings bearbeiten, womit und wie oft er wollte, nichts half. Der Kleine erwiderte auf alle Erziehungsversuche immer nur mit den Worten: »Ich will ein Faulpelz werden!« Und immer fand man ihn irgendwo auf dem Rücken liegen.

Des Treibens müde, und nach einer Unterredung mit dem Gerichtsschreiber Ali, faßte der Vater einen Entschluß.

»Höre«, sagte er zu dem hoffnungsvollen Knaben, »da du mit aller Gewalt Faulpelz werden willst, werde ich dich zu Lakdar bringen. Er soll dich prüfen, und wenn du wirklich gute Anlagen für sein Fach hast, werde ich ihn bitten, deine Ausbildung zu übernehmen.«

»Damit bin ich einverstanden«, erwiderte das Kind.

Und schon am nächsten Tage begaben sich beide, mit frisch geschorenen Köpfen und nach Wohlgerüchen duftend, auf den Weg zu Lakdar.

Die Pforte stand wie immer offen. Sie traten also, ohne anzuklopfen, ein, aber in dem hoch und dicht wuchernden Unkraut konnten sie den Gesuchten nicht gleich finden. Schließlich entdeckten sie ihn. Er lag unter den Feigenbäumen am Ende des Gärtchens, umschwirrt von Vögeln und halb bedeckt von Blättern, und glich einem Haufen gelber Lumpen, von denen ein brummendes Geräusch zu vernehmen war.

»Der Herr sei mit dir, Sidi Lakdar«, sagte der Vater, sich verneigend und die Hand auf der Brust haltend. »Hier ist mein Sohn, der den Wunsch hat, dir nachzueifern. Ich bringe ihn dir, damit du ihn prüfst und erforschst, ob er ein Berufener ist. Ist er es, bitte ich dich, ihn als Lehrling anzunehmen. Ich bezahle, was es kostet.«

Sidi Lakdar gab ihnen, ohne ein Wort zu sagen, ein Zeichen, das sie aufforderte, sich neben ihn ins Gras zu setzen. Der Vater setzte sich; das Kind aber legte sich hin, was an sich schon ein sehr gutes Zeichen war. Dann sahen die drei einander an, ohne den Mund zu öffnen.

Es war um die Mittagsstunde, leuchtend hell und brütend warm. Das ganze Gärtchen schien zu schlafen. Man hörte nur das leise Knacken der Samenhülsen, die die Sonne zum Springen brachte, das Rieseln der Quellen und die matten Flügelschläge der von Blatt zu Blatt flatternden Vögel, das wie das Auf- und Zuschlagen eines

Fächers klang. Von Zeit zu Zeit löste sich eine reife Feige von ihrem Stiel und fiel, von Zweig zu Zweig hüpfend, nieder. Sidi Lakdar streckte mit müder Bewegung die Hand nach ihr aus und führte sie zum Munde. Das Kind aber machte sich nicht einmal diese Mühe.

Mochten auch die schönsten Früchte neben ihm liegen, so wandte es doch nicht einmal den Kopf nach ihnen um. Der Meister beobachtete mit halb geschlossenen Augen diese unvergleichliche Trägheit, aber er verharrte in seinem Schweigen.

So vergingen einige Stunden. Dem armen Drechsler wurde begreiflicherweise die Zeit lang. Aber er wagte natürlich weder eine Frage noch einen Protest. Er blieb unbeweglich, mit starren Augen und untergeschlagenen Beinen, auf der Stelle sitzen, wohl selbst gebannt von dieser Atmosphäre der Faulheit, die, mit Bananen- und Orangendüften geschwängert, das Gärtchen erfüllte.

Plötzlich fiel eine große Feige auf die Wange des Knaben, eine schöne Feige, süß und duftend wie eine Honigwabe. Sie lag so, daß das Kind sie mit der Fingerspitze in den Mund schieben konnte. Doch diese Anstrengung erschien ihm zu ermüdend. Es blieb bewegungslos liegen, atmete den verführerischen Duft, doch es rührte sich nicht. Nach einer Weile aber konnte es der Versuchung nicht länger widerstehen. Es blinzelte dem Vater zu und sagte mit träger Stimme. »Bitte, steck sie mir in den Mund, Papa.«

Als er die Worte hörte, warf Sidi Lakdar die Feige, die er in der Hand hielt, weit fort und fuhr den Vater zornig an: »Dieses Kind wagst du mir als Lehrling anzubieten? Ich kann von ihm lernen! Es soll mein Lehrmeister sein.«

Dann fiel er vor dem liegenden Knaben auf die Knie, beugte den Kopf zur Erde und sprach: »Ich grüße dich in Ehrfurcht, Vater der Faulheit.«

KENNETH WHITE

Nachbarn

Die Einwohner von Valgorge, was der Ortsname auf meiner Postanschrift ist (Gourgounel/Valgorge), haben im Dialekt den Spitznamen *courtofusto*, was soviel wie kurzer Balken bedeutet. Wie ich hörte, hat der Name seinen Ursprung darin, daß vor ein paar Jahren die Leute hier oben einen Balken (*fusto* – *poutre* im Pariser Französisch) für den Bau eines Hauses sägten, der sich beim Nachmessen als zu kurz erwies. Da es aber methodisch vorgehende Leute waren, schickten sie sich unverzüglich an, ihn vom anderen Ende her zu messen – er war jedoch immer noch zu kurz. In Valgorge gibt es die Redensart: »*C'est comme la poutre de Valgorge, elle est trop courte des deux bouts* – das ist wie beim Balken von Valgorge: hinten und vorne zu kurz.«

Was die Verwaltung angeht, so unterstehen Gourgounel und der Weiler Les Praduches (Kleine Wiesen), zu dem es gehört, der *commune de Beaumont,* selbst ein kleines steiniges Dorf oben in den Hügeln, dessen Bürgermeister Zimmermann ist. Auch die Leute der Gemeinde Beaumont, deren Mitglied ich jetzt bin, haben einen Spitznamen: *pendjo-chabro*, »erwürgte Ziegen«. Anscheinend gab es Anfang dieses Jahrhunderts über einige Jahre hin in der Gemeinde eine Epidemie von Selbstmorden durch den Strick. Man verglich die Selbstmörder mit Ziegen, denen es oft gelingt, sich mit der eigenen Leine zu erwürgen. Ich bin also ein *pendjo-chabro* und alle meine Nachbarn auch.

Madame Tauleigne ist eine geborene Gibraltar und hat ihr Haus seit zwanzig Jahren nicht verlassen. Sie ist ungeheuer dick und hat Rheuma. Als Krücke benutzt sie einen alten Besen und humpelt keifend zwischen Bett und Bank hin und her, während ihr Mann, eine Bohnenstange, sich auf dem Feld, in der Küche und mit den Schafen abrackert. »*To, bon Dieu*« ist Madame Tauleignes Lieblingsausruf, gefolgt von einem Ausdruck plötzlichen Schmerzes, der ihr rundes, braunes Gesicht verzerrt, und einem »*Mon Dieu, je vous l'offre* – mein Gott, ich geb es dir«, wobei sich das »es«, wie ich vermute, auf ihr Leben bezieht. Es war Madame Tauleigne, die mir erzählte, daß die Spinne in Camossettos Kopf ein krummes Bein gehabt haben muß. Um ein Dorf zu beschreiben, das an einem steilen Berg liegt, kommt sie auf solche Sätze: »*Quand un chien aboie, il faut qu'il se cale entre deux pierres* – wenn ein Hund dort bellen will, muß er sich zwischen zwei Steine zwängen.« Über einen unbenutzten, verwachsenen Pfad hinter Gourgounel sagt sie: »*Il faut qu'un lézard s'aplatisse pour y passer* – eine Eidechse muß sich flach machen, um dort durchzukommen.« Sie freute sich sehr, mich zu sehen, denn sie hoffte, daß ich ein Foto von ihr machen würde. Sie hatte von einem Wunderheiler in Lyon gehört, der mit einem Blick auf das Foto sagen konnte, wo es einem fehlte, und ein Heilmittel schickte. Als ich ihr sagte, daß ich keinen Fotoapparat besäße, meinte sie, daß es egal sei, der Mann hätte sie wahrscheinlich doch nur für ein Schwein gehalten – »habillé de soie«, sagte sie: in Seide gehüllt.

Über den alten Paudevigne sagte Madame Tauleigne: »Er glaubt, er sei unsterblich.« Er ist etwa neunzig Jahre alt und kehrte erst vor fünf Jahren auf seinen Hof zurück, weil er das Leben im Altersheim von Carpentras satt hatte. Ich war ihm an einem Sonntagmorgen ganz unerwartet begegnet, als er, ein hagerer, uralter, weißhaariger Mann, zeitunglesend unter den Kastanienbäumen lag. Er hatte mich aufgefordert, bei ihm Kirschen zu pflücken, wenn ich wollte, und ich war mit ihm gegangen. An jenem Abend aßen wir gemeinsam Kirschen und in Salzwasser eingeweichtes Brot; und am nächsten Tag gruben wir in seinem Garten mit Hacken die Erde um. Er will eine Menge Obst und Gemüse in seinem Garten ziehen; er beabsichtigt auch, Geflügel zu halten, und hat schon einen großen Verschlag gebaut, aus dem ein Fuchs in der ersten Woche zwanzig Küken stahl, worauf er ihn verstärkt hat. Er plant, all seine Produkte auf den Markt zu bringen – dazu braucht er aber eine Straße; und von der Straße nach Valgorge zu den einzelnen Höfen führen nur Fußwege. Als er vor dreißig Jahren hier lebte, verhandelte er mit den Behörden über eine Straße, aber sie wurde nie gebaut. Jetzt ist er zurückgekehrt, bemüht sich von neuem, doch alle halten ihn für verrückt, und es gibt immer noch keine Straße. Der alte Paudevigne holte eine rostige Blechdose von einem seiner Regale und zeigte mir all die *papiers timbrés* (Papiere mit offiziellen Stempeln – das imponiert den Bauern), die er wegen der Straße eingesandt und erhalten hatte. Er ist fest entschlossen, sie verwirklicht zu sehen. Aber er wird alt, meint er, und bittet mich, immer, wenn ich bei ihm vorbeikomme, hereinzuschauen und mich zu vergewissern, daß er nicht tot ist. Nicht, daß er beabsichtigte, bald zu sterben, er doch nicht. Natürlich fühlt er sich dann und wann müde und krank, aber er macht sich deshalb keine Sorgen – »man muß einfach versuchen, sich zusammenzunehmen, das hilft. Es gibt Leute, die sich aufregen. Ich gehe ganz einfach in den Garten, und die Zeit geht vorüber ...«

Etwa zu der Zeit, als ich bei Paudevigne im Garten arbeitete, kam Marc Abeillon, um das Heu von den kleinen Wiesen um Gourgounel einzubringen, und Virgilou Escudier begleitete ihn, um ihm beim Mähen zu helfen. Im Mai hatte es nicht viel geregnet – »Der Mai läßt das Gras hier wachsen«, sagte Marc –, und infolgedessen hatten sie wenig zu mähen. Wenn es in der Gegend nur spärlich Heu gibt, heißt es, kommt ein milder Winter, gibt es aber große Mengen, dann muß man aufpassen, daß nichts verloren geht, denn der Winter wird sehr lang werden. Daher das Sprichwort, das Virgilou zitierte: »*Quand il y a peu de foin, ramassez avec la fourche, quand il y en a plein, ramassez avec le rateau* – gibt es wenig Heu, nimm die Gabel, gibt es viel, den Rechen« (der gründlicher ist). Die zwei mähten das Gras und ließen es in der Sonne trocknen. Es gab aber Schwierigkeiten, denn lange und schwere Gewitter sollten bald aufkommen, und das Heu wurde immer wieder naß, bis es an einigen Stellen verfault und unbrauchbar geworden war. Während einer der kurzen, sonnigen Unterbrechungen kam Abeillon mit seiner Frau und Tochter und mit Escudiers kleinem Mädchen nach Gourgounel hinauf. Alle hatten einen Holzrechen dabei und außerdem ein großes, aus sechs Säcken zusammengenähtes Tuch, das *le linçao* genannt wurde und mit dem sie das Heu wegtrugen. Sie brachten es in die Scheune und streuten rotes Salz darauf, damit es nicht kaputt ging. Wenn wir nur etwas mehr Nordwind *(lou soulédré)* hätten, sagte Marc: »*Le vent du nord, ah pétard, c'est ce qu'il nous faut ici. Quand ça souffle du nord, vaï, il ne pleut pas.*« Wenn er in diesen Tagen einmal blies, dann hielt er genau wie die anderen Winde des Tanargue – *l'aoura* (der Nordwestwind), *lou ven* (der Südostwind), *lou ven blon* (der Südwind), *lo traverso* (der Südwestwind), *lo biso* (der Westwind), *l'onghiola* (der Ostwind) – nicht lange an: »*Le vent du nord, que ça soufflait, il n'a pas duré longtemps, ah pétard!*«

Ich kam mit Marc überein, daß er mich als Gegenleistung für das Heu und das Recht, Kastanien aus den Wäldern von Gourgounel zu ernten, mit Obst und Gemüse versorgen sollte. So kam es, daß ich während der nächsten Monate ungefähr einmal in der Woche auf seinem Hof war. Wir gruben etwas aus der Erde oder pflückten etwas von den Bäumen, und ich kehrte nach Gourgounel zurück mit einem Sack über der Schulter und manchmal einem Teller in der Hand, auf dem, mit Weinblättern zugedeckt, ein Käse von Madame Abeillon lag ...

Von Madame Ribeyre bekam ich auch Käse, für den ich vierzig Centimes zahlte, und einmal im Sommer, als ich gerade bei ihr war, stand ein großer irdener Topf auf dem Tisch, gefüllt mit dunklen Honigscheiben, die ihr Sohn soeben aus den Bienenstöcken geholt hatte. Sie nahm ein paar Scheiben, legte sie mir auf einen Teller mit einem Ziegenkäse, und ich aß mit Begeisterung.

Virgilou hat auch Bienenstöcke, und sein Honig ist nicht schlechter als der Madame Ribeyres: genau wie ihrer schmeckt er stark nach Heidekraut und Ginster. Als ich Virgilou zum ersten Mal zu Hause besuchte, hörte ich beim Näherkommen ein kleines Mädchen, seine Tochter, singen:

> *Uno, medouno, metreno, m'éclaou*
> *toblo bardolo; gengivo, fournaou*
> *taïro*
> *rouveïro*
> *fracasso petasso*
> *lou quioul de madamo Lacrasso*

So hörte es sich zumindest an. Die Hunde hatten Virgilous Frau mein Kommen schon angekündigt, und sie stand auf der Veranda, um mich zu begrüßen und in die Küche zu führen, wo Virgilou am Tisch ein Nickerchen gehalten hatte. Die Läden waren geschlossen, und nun wurden sie einen Spalt geöffnet; das Feuer brannte und verbreitete einen angenehmen Geruch von Holz und Ginster. Das Abendessen köchelte darüber. Virgilou, ein kleiner, kräftig gebauter Mann mit einem schiefen Lächeln und wunderschönen Augen stand auf, um mir die Hand zu schütteln, und bat seine Frau, in den Keller zu gehen, eine Flasche Wein abzufüllen und Gläser zu bringen. Als der Wein kam, sagte er: »*Faï bé faré vivara lou moulis* – der Mühlstein muß sich weiterdrehen«, und schenkte mir ein Glas mit dunklem Wein voll. Während wir tranken, wurde das Töchterchen die Ziegen holen geschickt, drei Ziegen, deren Milch pro Tag für fünf Käse ausreicht, von denen die meisten als Wintervorrat aufgehoben werden. Die weichen, weißen *tommes* trocknen und werden zu harten, festen, scharfen *picodons*. Ich konnte hören, wie das Mädchen die Ziegen rief: »*Volé, volé!* – Kommt, kommt!« Ihr Bruder ist gerade in Carpentras, wo er bei der Tomaten- und Melonenernte hilft. Dadurch hat die Familie etwas Geld. Virgilou selbst verdient etwas an den Kastanien, für die er jetzt zwanzig Centimes pro Kilo bekommt, was viel ist, verglichen mit dem Preis von fünf Centimes vor einigen Jahren. Seinen Wein möchte niemand, es wurde ihm sogar nahegelegt, seine Reben auszureißen, aber er sagt, daß er lieber wartet, bis »sie kommen«. Manchmal findet er Gelegenheitsarbeit beim Straßenbau, aber er haßt es, beim Arbeiten beaufsichtigt zu werden; manchmal arbeitet er als Holzfäller, und er ist der Metzger des Bezirks, obwohl er diese Arbeit verabscheut. Wenn die Zeit der *tuailles*, des »Tötens« kommt, ist er es, der die Schweine absticht und sie ausblutet, bevor er sie den Frauen übergibt, die dann Schinken, Würste und die ganze Vielfalt der *charcuterie*, die sie kennen, herstellen. Der Schinken und die Würste werden im Keller aufbewahrt oder an die Dachsparren gehängt.

Es gefällt mir, mit Virgilou dazusitzen, und wenn Raymonde mit den Ziegen zurückkommt und sie gemolken worden sind und Madame Escudier die Milch in einen Krug füllt, so daß er wie ein großer schneebedeckter Pilz aussieht, und Raymonde sagt: »*Eï fouan*« (Ich habe Hunger) und sie ein Glas Milch und ein großes Stück Brot mit Honig bekommt, das gefällt mir auch. Wenn ich dann später am Abend mit Suppe und Brot im Magen den Hügel nach Gourgounel hinaufsteige und der Mond am Himmel steht, bin ich so zufrieden, daß ich mich mit ihm unterhalte und ihm zuwinke, bevor ich mich unter meinen Maulbeerbaum schlafen lege.

Morgens werde ich gewöhnlich von Habauzit und seinen Ziegen geweckt, deren Glocken bimmeln, wenn sie vom Hund *(loutchi)* bewacht durch den Wald streunen. Habauzit, der jetzt weit über sechzig ist, folgt ihnen mühsam, einen Stock in der Hand, über der Schulter eine Tasche mit Brot, Wein und vielleicht etwas Wurst oder Käse; sie wird auf dem Rückweg dann mit Pilzen gefüllt sein. Die Ziegen müssen zum Weiden, bevor es zu heiß ist, und der alte Habauzit verbringt etwa neun Stunden täglich mit ihnen. Im Wald schnitzt er zu gegebener Zeit vielleicht an den Zinken für seine Heugabeln, für die er Kastanienholz verwendet, weil es leicht zu bearbeiten, wenn auch nicht so dauerhaft wie Eschen- oder Akazienholz, ist. Er hat viel Zeit, nachzudenken, und die Ergebnisse seiner Überlegung sind etwa: »*Les années se suivent et ne se ressemblent pas* – die Jahre folgen einander und gleichen sich nicht.« (Mir scheint, das hat er irgendwo aufgeschnappt.) Ähnlicher sieht ihm dieser Gedanke: »*Les années poussent trop vite* – die Jahre wachsen zu schnell.« Zuerst konnte er nicht begreifen, daß jemand wie ich, dem die ganze Welt offensteht, ausgerechnet nach Gourgounel kommt und hier glücklich ist, aber schließlich kam er zu dieser psychologischen Schlußfolgerung, die er schulterzuckend vorbrachte: »*Si l'on est heureux et qu'on se croit malheureux, on est malheureux; si l'on est malheureux et qu'on se croit heureux, on est heureux* – wenn man glücklich ist, sich aber unglücklich glaubt, ist man unglücklich; wenn man unglücklich ist und glaubt sich glücklich, ist man auch glücklich.«

LUDWIG THOMA

Der vornehme Knabe

Zum Scheckbauern ist im Sommer eine Familie gekommen. Die war sehr vornehm, und sie ist aus Preußen gewesen.

Wie ihr Gepäck gekommen ist, war ich auf der Bahn, und der Stationsdiener hat gesagt, es ist lauter Juchtenleder, die müssen viel Gerstl haben.

Und meine Mutter hat gesagt, es sind feine Leute, und du mußt sie immer grüßen, Ludwig.

Er hat einen weißen Bart gehabt und seine Stiefel haben laut geknarrzt.

Sie hat immer Handschuhe angehabt, und wenn es wo naß war auf dem Boden, hat sie huh! geschrien und hat ihr Kleid aufgehoben.

Wie sie den ersten Tag da waren, sind sie im Dorf herumgegangen. Er hat die Häuser angeschaut und ist stehengeblieben. Da habe ich gehört, wie er gesagt hat: »Ich möchte nur wissen, von was diese Leute leben.«

Bei uns sind sie am Abend vorbei, wie wir gerade gegessen haben. Meine Mutter hat gegrüßt und Ännchen auch. Da ist er hergekommen mit seiner Frau und hat gefragt: »Was essen Sie da?«

Wir haben Lunge mit Knödel gegessen, und meine Mutter hat es ihm gesagt.

Da hat er gefragt, ob wir immer Knödel essen, und seine Frau hat uns durch einen Zwicker angeschaut. Es war aber kein rechter Zwicker, sondern er war an einer kleinen Stange, und sie hat ihn auf- und zugemacht.

Meine Mutter sagte zu mir: »Steh auf, Ludwig, und mache den Herrschaften dein Kompliment«, und ich habe es gemacht.

Da hat er zu mir gesagt, was ich bin, und ich habe gesagt, ich bin ein Lateinschüler. Und meine Mutter sagte: »Er war in der ersten Klasse und darf aufsteigen. Im Lateinischen hat er die Note zwei gekriegt.«

Er hat mich auf den Kopf getätschelt und hat gesagt: »Ein gescheiter Junge; du kannst einmal zu uns kommen und mit meinem Arthur spielen. Er ist so alt wie du.«

Dann hat er meine Mutter gefragt, wieviel sie Geld kriegt im Monat, und sie ist ganz rot geworden und hat gesagt, daß sie hundertzehn Mark kriegt.

Er hat zu seiner Frau hinübergeschaut und hat gesagt: »Emilie, noch nicht fünfunddreißig Taler.«

Und sie hat wieder ihren Zwicker vor die Augen gehalten.

Dann sind sie gegangen, und er hat gesagt, daß man es noch gehört hat: »Ich möchte bloß wissen, von was diese Leute leben.«

Am andern Tag habe ich den Arthur gesehen. Er war aber nicht so groß wie ich und hat lange Haare gehabt bis auf die Schultern und ganz dünne Füße. Das habe ich gesehen, weil er eine Pumphose anhatte. Es war noch ein Mann dabei mit einer Brille auf der Nase. Das war sein Instruktor, und sie sind beim Rafenauer gestanden, wo die Leute Heu gerecht haben.

Der Arthur hat hingedeutet und hat gefragt: »Was tun die da machen?«

Und der Instruktor hat gesagt: »Sie fassen das Heu auf. Wenn es genügend gedörrt ist, werden die Tiere damit gefüttert.«

Der Scheck Lorenz war bei mir, und wir haben uns versteckt, weil wir so gelacht haben.

Beim Essen hat meine Mutter gesagt: »Der Herr ist wieder da gewesen und hat gesagt, du sollst nachmittag seinen Sohn besuchen.«

Ich sagte, daß ich lieber mit dem Lenz zum Fischen gehe, aber Anna hat mich gleich angefahren, daß ich nur mit Bauernlümmeln herumlaufen will, und meine Mutter sagte: »Es ist gut für dich, wenn du mit feinen Leuten zusammen bist. Du kannst Manieren lernen.«

Da habe ich müssen, aber es hat mich nicht gefreut. Ich habe die Hände gewaschen und den schönen Rock angezogen, und dann bin ich hingegangen. Sie waren gerade beim Kaffee, wie ich gekommen bin. Der Herr war da und die Frau und ein Mädchen; das war so alt wie unsere Anna, aber schöner angezogen und viel dicker. Der Instruktor war auch da mit dem Arthur.

»Das ist unser junger Freund«, sagte der Herr. »Arthur, gib ihm die Hand!« Und dann fragte er mich: »Nun, habt ihr heute wieder Knödel gegessen?«

Ich sagte, daß wir keine gegessen haben, und ich habe mich hingesetzt und einen Kaffee gekriegt. Es ist furchtbar fad gewesen. Der Arthur hat nichts geredet und hat mich immer angeschaut, und der Instruktor ist auch ganz still dagesessen.

Da hat ihn der Herr gefragt, ob Arthur sein Pensum schon fertig hat, und er sagte, ja, es ist fertig; es sind noch einige Fehler darin, aber man merkt schon den Fortschritt.

Da sagte der Herr: »Das ist schön, und Sie können heute nachmittag allein spazieren gehen, weil der junge Lateinschüler mit Arthur spielt.«

Der Instruktor ist aufgestanden, und der Herr hat ihm eine Zigarre gegeben und gesagt, er soll Obacht geben, weil sie so gut ist.

Wie er fort war, hat der Herr gesagt: »Es ist doch ein Glück für diesen jungen Menschen, daß wir ihn mitgenommen haben. Er sieht auf diese Weise sehr viel Schönes.«

Aber das dicke Mädchen sagte: »Ich finde ihn gräßlich; er macht Augen auf mich. Ich fürchte, daß er bald dichtet, wie der letzte.« Der Arthur und ich sind bald aufgestanden, und er hat gesagt, er will mir seine Spielsachen zeigen.

Er hat ein Dampfschiff gehabt. Das, wenn man aufgezogen hat, sind die Räder herumgelaufen, und es ist schön geschwommen. Es waren auch viele Bleisoldaten und Matrosen darauf, und Arthur hat gesagt, es ist ein Kriegsschiff und heißt »Preußen«. Aber beim Scheck war kein großes Wasser, daß man sehen kann, wie weit es schwimmt, und ich habe gesagt, wir müssen zum Rafenauer hingehen, da ist ein Weiher, und wir haben viel Spaß dabei.

Es hat ihn gleich gefreut, und ich habe das Dampfschiff getragen.

Sein Papa hat gerufen: »Wo geht ihr denn hin, ihr Jungens?« Da habe ich ihm gesagt, daß wir das Schiff in Rafenauer seinem Weiher schwimmen lassen.

Die Frau sagte: »Du darfst es aber nicht tragen, Arthur. Es ist zu schwer für dich.« Ich sagte, daß ich es trage, und sein Papa hat gelacht und hat gesagt: »Das ist ein starker Bayer; er ißt alle Tage Lunge und Knödel. Hahaha!«

Wir sind weiter gegangen hinter dem Scheck, über die große Wiese.

Der Arthur fragte mich: »Gelt, du bist stark?«

Ich sagte, daß ich ihn leicht hinschmeißen kann, wenn er es probieren will.

Aber er traute sich nicht und sagte, er wäre auch gerne so stark, daß er sich von seiner Schwester nichts mehr gefallen lassen muß.

Ich fragte, ob sie ihn haut.

Er sagte nein, aber sie macht sich so gescheit, und wenn er eine schlechte Note kriegt, redet sie darein, als ob es sie was angeht.

Ich sagte, das weiß ich schon; das tun alle Mädchen, aber man darf sich nichts gefallen lassen. Es ist ganz leicht, daß man es ihnen vertreibt, wenn man ihnen rechte Angst macht.

Er fragte, was man da tut, und ich sagte, man muß ihnen eine Blindschleiche in das Bett legen. Wenn sie darauf liegen, ist es kalt, und sie schreien furchtbar. Dann versprechen sie einem, daß sie nicht mehr so gescheit sein wollen.

Arthur sagte, er traut sich nicht, weil er vielleicht Schläge kriegt. Ich sagte aber, wenn man sich vor den Schlägen fürchten möchte, darf man nie keinen Spaß haben, und da hat er mir versprochen, daß er es tun will.

Ich habe mich furchtbar gefreut, weil mir das dicke Mädchen gar nicht gefallen hat, und ich dachte, sie wird ihre Augen noch viel stärker aufreißen, wenn sie eine Blindschleiche spürt. Er meinte, ob ich auch gewiß eine finde. Ich sagte, daß ich viele kriegen kann, weil ich in der Sägmühle ein Nest weiß.

Und es ist mir eingefallen, ob es nicht vielleicht gut ist, wenn er dem Instruktor auch eine hineinlegt.

Das hat ihm gefallen, und er sagte, er will es gewiß tun,

weil sich der Instruktor so fürchtet, daß er vielleicht weggeht.

Er fragte, ob ich keinen Instruktor habe, und ich sagte, daß meine Mutter nicht so viel Geld hat, daß sie einen zahlen kann.

Da hat er gesagt: »Das ist wahr. Die kosten sehr viel und man hat bloß Verdruß davon. Der letzte, den wir gehabt haben, hat immer Gedichte auf meine Schwester gemacht, und er hat sie unter ihre Kaffeetasse gelegt; da haben wir ihn fortgejagt.«

Ich fragte, warum er Gedichte gemacht hat, und warum er keine hat machen dürfen.

Da sagte er: »Du bist aber dumm. Er war doch verliebt in meine Schwester, und sie hat es gleich gemerkt, weil er sie immer so angeschaut hat. Deswegen haben wir ihn fortjagen müssen.«

Ich dachte, wie dumm es ist, daß sich einer so plagen mag wegen dem dicken Mädchen, und ich möchte sie gewiß nicht anschauen und froh sein, wenn sie nicht dabei ist.

Dann sind wir an den Weiher beim Rafenauer gekommen, und wir haben das Dampfschiff hineingetan. Die Räder sind gut gegangen, und es ist ein Stück weit geschwommen.

Wir sind auch hinein gewatet, und der Arthur hat immer geschrien: »Hurra! Gebt's ihnen, Jungens! Klar zum Gefecht! Drauf und dran, Jungens, gebt ihnen noch eine Breitseite! Brav, Kinder!« Er hat furchtbar geschrien, daß er ganz rot geworden ist, und ich habe ihn gefragt, was das ist.

Er sagte, es ist eine Seeschlacht, und er ist ein preußischer Admiral. Sie spielen es immer in Köln; zuerst ist er bloß Kapitän gewesen, aber jetzt ist er Admiral, weil er viele Schlachten gewonnen hat.

Dann hat er wieder geschrien: »Beidrehen! Beidrehen! Hart an Backbord halten! Feuer! Sieg! Sieg!«

Ich sagte: »Das gefällt mir gar nicht; es ist eine Dummheit, weil sich nichts rührt. Wenn es eine Schlacht ist, muß es krachen. Wir sollen Pulver hinein tun, dann ist es lustig.«

Er sagte, daß er nicht mit Pulver spielen darf, weil es gefährlich ist. Alle Jungen in Köln machen es ohne Pulver.

Ich habe ihn aber ausgelacht, weil er doch kein Admiral ist, wenn er nicht schießt.

Und ich habe gesagt, ich tue es, wenn er sich nicht traut; ich mache den Kapitän, und er muß bloß kommandieren.

Da ist er ganz lustig gewesen und hat gesagt, das möchte er. Ich muß aber streng folgen, weil er mein Vorgesetzter ist, und Feuer geben, wenn er schreit.

Ich habe ein Paket Pulver bei mir gehabt. Das habe ich immer, weil ich so oft Speiteufel mache. Und ein Stück Zündschnur habe ich auch dabei gehabt.

Wir haben das Dampfschiff hergezogen. Es waren Kanonen darauf, aber sie haben kein Loch gehabt. Da habe ich probiert, ob man vielleicht anders schießen kann. Ich meinte, man soll das Verdeck aufheben und darunter das Pulver tun. Dann geht der Rauch bei den Luken heraus, und man glaubt auch, es sind Kanonen darin.

Das habe ich getan. Ich habe aber das ganze Paket Pulver hineingeschüttet, damit es stärker raucht. Dann habe ich das Verdeck wieder darauf getan und die Zündschnur durch ein Loch gesteckt.

Arthur fragte, ob es recht knallen wird, und ich sagte, ich glaube schon, daß es einen guten Schuß tut. Da ist er geschwind hinter einen Baum und hat gesagt, jetzt geht die Schlacht an.

Und er hat wieder geschrien: »Hurra! Gebt's ihnen, tapferer Kapitän!«

Ich habe das Dampfschiff aufgedreht und gehalten, bis die Zündschnur gebrannt hat.

Dann habe ich ihm einen Stoß gegeben, und die Räder sind gegangen, und die Zündschnur hat geraucht.

Es war lustig, und der Arthur hat sich auch furchtbar gefreut und hinter dem Baum immer kommandiert.

Er fragte, warum es nicht knallt. Ich sagte, es knallt schon, wenn die Zündschnur einmal bis zum Pulver hinbrennt.

Da hat er seinen Kopf vorgestreckt und hat geschrien: »Gebt Feuer auf dem Achterdeck!«

Auf einmal hat es einen furchtbaren Krach getan und hat gezischt, und ein dicker Rauch ist auf dem Wasser gewesen. Ich habe gemeint, es ist etwas bei mir vorbeigeflogen, aber Arthur hat schon gräßlich geheult, und er hat seinen Kopf gehalten. Es war aber nicht arg. Er hat bloß ein bißchen geblutet an der Stirne, weil ihn etwas getroffen hat. Ich glaube, es war ein Bleisoldat.

Ich habe ihn abgewischt, und er hat gefragt, wo sein Dampfschiff ist. Es war aber nichts mehr da; bloß der vordere Teil war noch da und ist auf dem Wasser geschwommen. Das andere ist alles in die Luft geflogen.

Er hat geweint, weil er geglaubt hat, daß sein Vater schimpft, wenn kein Schiff nicht mehr da ist. Aber ich habe gesagt, wir sagen, daß die Räder so gelaufen sind, und es ist fortgeschwommen, oder er sagt gar nichts und geht erst heim, wenn es dunkel ist. Dann weiß es niemand, und wenn ihn wer fragt, wo das Schiff ist, sagt er, es ist droben, aber er mag nicht damit spielen. Und wenn eine Woche vorbei ist, sagt er, es ist auf einmal nicht mehr da. Vielleicht ist es gestohlen worden.

Der Arthur sagte, er will es so machen und warten, bis es dunkel wird.

Wie wir das geredet haben, da hat es hinter uns Spektakel gemacht.

Ich habe geschwind umgeschaut, und da habe ich auf einmal gesehen, wie der Rafenauer hergelaufen ist. Er hat geschrien: »Hab ich enk, ihr Saububen, ihr miserabligen!«

Ich bin gleich davon, bis ich zum Heustadel gekommen bin. Da habe ich mich geschwind versteckt und hingeschaut. Der Arthur ist stehengeblieben, und der Rafenauer hat ihm die Ohrfeigen gegeben. Er ist furchtbar grob.

Und er hat immer geschrien: »De Saububen zünden noch mein Haus o. Und meine Äpfel stehlen's und meine Zwetschgen stehlen's, und mei Haus sprengen's in d' Luft!«

Er hat ihm jedesmal eine Watschen gegeben, daß es geknallt hat.

Ich habe schon gewußt, daß er einen Zorn auf uns hat, weil ich und der Lenz ihm so oft seine Äpfel stehlen, und er kann uns nicht erwischen.

Aber den Arthur hat er jetzt erwischt, und er hat alle Prügel gekriegt.

Wie der Rafenauer fertig war, ist er fortgegangen. Aber dann ist er stehengeblieben und hat gesagt: »Du Herrgottsakerament!« und ist wieder umgekehrt und hat ihm nochmal eine hineingehauen.

Der Arthur hat furchtbar geweint und hat immer geschrien: »Ich sage es meinem Papa!« Es wäre gescheiter gewesen, wenn er fortgelaufen wäre; der Rafenauer kann nicht nachkommen, weil er so schnauft. Man muß immer um die Bäume herumlaufen, dann bleibt er gleich stehen und sagt: »Ich erwisch enk schon noch einmal.«

Ich und der Lenz wissen es; aber der Arthur hat es nicht gewußt.

Er hat mich gedauert, weil er so geweint hat, und wie der Rafenauer fort war, bin ich hingelaufen und habe gesagt, er soll sich nichts daraus machen. Aber er hat nicht aufgehört und hat immer geschrien: »Du bist schuld; ich sage es meinem Papa.«

Da habe ich mich aber geärgert, und ich habe gesagt, daß ich nichts dafür kann, wenn er so dumm ist.

Da hat er gesagt, ich habe das Schiff kaputt gemacht, und ich habe so geknallt, daß der Bauer gekommen ist und er Schläge gekriegt hat.

Und er ist schnell fortgelaufen und hat geweint, daß man es weit gehört hat. Ich möchte mich schämen, wenn ich so heulen könnte wie ein Mädchen. Und er hat gesagt, er ist ein Admiral.

Ich dachte, es ist gut, wenn ich nicht gleich heimgehe, sondern ein bißchen warte.

Wie es dunkel war, bin ich heimgegangen, und ich bin beim Scheck ganz still vorbei, daß mich niemand gemerkt hat.

Der Herr war im Gartenhaus, und die Frau und das dicke Mädchen. Der Scheck war auch dabei. Ich habe hineingeschaut, weil ein Licht gebrannt hat. Ich glaube, sie haben von mir geredet. Der Herr hat immer den Kopf geschüttelt und hat gesagt: »Wer hätte es gedacht! Ein solcher Lausejunge!« Und das dicke Mädchen hat gesagt: »Er will, daß mir Arthur Schlangen ins Bett legt. Hat man so was gehört?«

Ich bin nicht mehr eingeladen worden, aber wenn mich der Herr sieht, hebt er immer seinen Stock auf und ruft: »Wenn ich dich mal erwische!« Ich bin aber nicht so dumm wie sein Arthur, daß ich stehen bleibe.

FRANZ KAFKA

Die Nachteile großer Reiche

Ein Reiter ritt auf einem Waldweg, vor ihm lief ein Hund. Hinter ihm kamen ein paar Gänse, ein kleines Mädchen trieb sie mit einer Gerte vor sich her. Trotzdem alle vom Hund vorn bis zu dem kleinen Mädchen hinten so schnell als möglich vorwärtseilten, war es doch nicht sehr schnell, jeder hielt leicht mit den andern Schritt. Übrigens liefen auch die Waldbäume zu beiden Seiten mit, irgendwie widerwillig, müde, diese alten Bäume. An das Mädchen schloß sich ein junger Athlet, ein Schwimmer, er schwamm mit kräftigen Stößen, den Kopf tief im Wasser, denn Wasser war wellenschlagend rings um ihn, und wie er schwamm, so floß das Wasser mit, dann kam ein Tischler, der einen Tisch abzuliefern hatte, er trug ihn auf dem Rücken, die zwei vordern Tischbeine hielt er mit den Händen fest, ihm folgte der Kurier des Zaren, er war unglücklich wegen der vielen Menschen, die er hier im Wald getroffen hatte, immerfort streckte er den Hals und sah nach, wie vorn die Lage war und warum alles so widerwärtig langsam ging, aber er mußte sich bescheiden, den Tischler vor sich hätte er wohl überholen können, aber wie wäre er durch das Wasser gekommen, das den Schwimmer umgab. Hinter dem Kurier kam merkwürdigerweise der Zar selbst, ein noch junger Mann mit blondem Spitzbart und zartem, aber rundlichen Gesicht, das sich des Lebens freute. Hier zeigten sich die Nachteile so großer Reiche, der Zar kannte seinen Kurier, der Kurier seinen Zaren nicht, der Zar war auf einem kleinen Erholungsspaziergang und kam nicht weniger schnell vorwärts als sein Kurier, er hätte also die Post auch selbst besorgen können.

HANNES FRICKE

Große Liebe

Für Martin

Tatsächlich war ich todmüde, als ich bei Paestum aus dem Zug stieg. Es war auch zu anstrengend, mit einem offensichtlich frisch verlobten Paar das Sechser-Abteil im Liegewagen über die Alpen nach Italien teilen zu müssen. Ich stand so viel wie möglich auf dem Gang und genoß das andere Licht und die Orangenblüte. Auf mich wartete nach einer zweistündigen Busfahrt die Marmorvilla der reichen Tante meines besten Freundes südlich von Neapel: kühler Schatten an langen Abenden, die nur zu ahnenden rasanten Flugmanöver der Fledermäuse in der

Abenddämmerung, das bewußt deutliche Auftreten auf dem Weg zum Strand, um den Schlangen klarzumachen, sie mögen sich eine andere Ecke des Gartens suchen, viel Ruhe und Lektüre, ein wenig Musik. Und der Garten lag direkt am Meer. Dort hatte ich einmal versucht, eine Italienerin durch Delphinschwimmen zu beeindrucken, allerdings parallel zum Ufer. Als der eine Arm leer in ein Wellental schlug und der andere von einem unerwartet starken Wasserschwall auf den Rücken gekugelt wurde, blieb mir nichts anderes übrig, als schmerzverzerrt mich ans Ufer spülen zu lassen – unter Gelächter und Applaus. Doch das ist eine andere Geschichte. Jetzt war ich 28 Jahre alt.

Abends kam ich an – und wurde gleich in das nahe Fischerdorf mitgenommen: Wir wollten Ricardo, Mädchen für alles für die Villen außerhalb des Dorfes, mit seiner Familie in einer Pizzeria treffen. Dort angelangt, hatte ich Hunger wie nie, aß neben meiner eigenen noch sämtliche Pizzareste der Tischgenossen und bestellte zweimal nach. Wie ich erst später während des Essens bemerkte, geschah dies unter den großen, beeindruckenden, tiefschwarzen Augen von Anna, der 8jährigen Tochter Ricardos. Sie saß in ihrem mit Rüschen besetzten weißen, äußerst kompliziert gebügelten Kleid da und ließ sich keine meiner Bewegungen entgehen. Sie selbst aß wie ein Spatz, nippte nur gelegentlich an ihrem Mineralwasser, zückte aber nach jedem Bissen ihr Spitzentaschentuch, das sie – ganz Dame – in ihrem Ärmel versteckt hatte. Rosa, ihre Schwester, war längst mit zerzaustem Haar und fransiger kurzer Hose mit den Jungen aus dem Dorf an den Strand gegangen. Doch Anna bewegte sich keinen Millimeter von ihrem Stuhl und schaute mich mit großen Augen an.

Müde und entspannt trat ich mit meinem Freund und seiner Tante den Heimweg zur Villa an. Einige Tage mit Vorlesen, gelegentlichen Badegängen und gelinder Angst vor Schlangenbissen gingen ins Land, die Sonne brannte, die Nächte waren mückenreich und lau, bis es eines Abends hieß, wir wären zum Essen eingeladen, diesmal bei Ricardo in dessen hübscher Wohnung direkt am Marktplatz. Anna fing mich gleich an der Tür ab: Ob ich vor dem Essen mit ihr noch ein wenig in ihrem Malbuch malen wolle? Sie sprach ein wenig Deutsch, ihre Mutter hatte ihr einiges beigebracht, wir konnten uns miteinander verständigen. Artig bejahte ich ihre Frage, hielt mich jedoch schüchtern zurück. Es war mir sofort klar, daß eine solche Einladung ein großes Privileg und ein gewaltiges Kompliment sein mußte. Bestimmt durfte sonst kein Normalsterblicher dieses Buch berühren.

Wir gingen in ihr kleines, außerordentlich aufgeräumtes Zimmer und setzten uns im Schneidersitz gegenüber. Das Malbuch lag zwischen uns, sie plazierte sorgfältig die Stifte in eine Reihe, damit wir leicht zwischen ihnen auswählen könnten. Lange beratschlagte ich mit ihr jede Farbe, ob sie angemessen sei, von mir auch nicht zu dick aufgetragen würde, und besonders, ob sie mit dem Ergebnis zufrieden ist.

Es wurde zum Essen gerufen. Anna schreckte hoch, fing sich jedoch schnell: »Wenn Du willst: Wir malen nach dem Essen weiter.« Ich bin mir bis heute nicht darüber im klaren, ob dies eine Frage oder eine Aufforderung war. Für sie schien es einem Heiratsantrag gleichzukommen.

Beim Essen wurde Anna jedoch unruhig, ihre kleine Stirn zog sich in Falten, ihre Augen begannen zu funkeln.

Hatte ich etwas falsch gemacht? Das Essen zog sich in die Länge, ich konnte kein Italienisch, Ricardo konnte kein Deutsch, das Übersetzen war mühsam, das Ende des Essens noch in weiter Ferne. Es war überhaupt ein verfahrener Tag, das Wetter war schwül geworden, ich hatte leichte Kopfschmerzen, mich am Strand an einem Stein gestoßen, am Nachmittag hatte ich eine ganze Tüte meiner geliebten Rittornelli-Kekse gegessen und so am Abend eigentlich keinen Hunger mehr. Diesmal aß ich also wie ein Spatz, nicht Anna. Und sie ließ sich wieder keine Bewegung entgehen. Dann kam endlich der Nachtisch, es war spät, die anderen wollten eigentlich nach Hause. Doch ich wollte noch mit Anna malen. Wir ließen uns wieder in den Schneidersitz nieder, vorsichtig nahm ich einen Stift – und hörte den gnadenlosen Satz: »Du hast heute wenig gegessen!« Was sollte ich tun? Ich versuchte sie zu trösten, gestand ihr die Kekspackung des Nachmittags, aber sie war verbittert. Irgendwie gelang es mir mit letzter Kraft, mich für den nächsten, meinen letzten Tag im Dorf auf ein Eis mit ihr zu verabreden. Verschlossen begleitete sie mich zur Tür.

Da trafen wir uns nun in der Bar oder besser: dem Café gegenüber dem Haus ihres Vaters (ihre Schwester hätte eigentlich uns begleiten sollen, war jedoch längst in Richtung Strand verschwunden). Anna suchte das Eis aus – mit bunten Perlen aus Zucker – und wies auf den zweiten Stuhl neben sich. Schweigend verzehrten wir unser Eis, eine der härtesten Prüfungen in meinem Leben: So etwas Süßes habe ich nie wieder gegessen. Es zog mir die Lippen zusammen, ich suchte aus dem Augenwinkel Wasser, bis mir langsam klar wurde, daß dies ihre Lieblingseissorte sein mußte. Es half nichts, ich mußte aufessen.

Draußen zog die Luft in heißen Schwaden über den fast leergefegten Marktplatz. Ich lechzte nach irgend etwas Trinkbarem und litt. Und erst jetzt bemerkte ich die kleinen Schatten unter Annas Augen. Ihre Hand war noch ein wenig weißer als am Abend, wenn sie jetzt nach jedem Bissen von dem unsäglichen Eis mit leicht abgespreiztem kleinen Finger ihr Taschentuch aus dem Rüschenärmel zog und sich zwei-, dreimal die Lippen abtupfte. So saßen wir lange in der Bar und schwiegen, bis sie plötzlich von der Tischplatte zu mir aufsah und sagte: »Ich bin schwanger!« Ich saß wie vom Donner gerührt, ein 28jähriger mit einer verzweifelten 8jährigen.

Zum Glück habe ich in diesem Moment nicht gelacht, vielmehr mir auf die Lippen gebissen und versucht, so zart es mir möglich war, ihr klarzumachen, daß es mit uns nur etwas werden würde, werden könnte, wenn wir mindestens 10 Jahre warten würden, und dann wäre es immer noch unsicher, etwa wegen des Altersunterschieds; ob sie das auf sich nehmen wolle; wo ich dann sei, sei ja auch noch nicht klar, vielleicht in Amerika (ich sei auch gar kein Italiener, sie aber eine Italienerin); es würde bestimmt andere Männer geben. Bis mir nichts mehr einfiel und wir beide wieder still in der Hitze saßen. Sie war untröstlich. Sie wollte nicht weinend gesehen werden, stand auf und ging langsam über den Platz.

Jahre später habe ich sie wieder gesehen. Nein, das Taschentuch habe sie sich schnell wieder abgewöhnt. Und sie lachte über die alte Geschichte. So tief wie damals waren ihre Augen nicht mehr.

Es war mein schönster Sommerurlaub.

ROBERT WALSER

Sommerfrische

Was tut man in der Sommerfrische? Du mein Gott, was soll man viel tun? Man erfrischt sich. Man steht ziemlich spät auf. Das Zimmer ist sehr sauber. Das Haus, das du bewohnst, verdient nur den Namen Häuschen. Die Dorfstraßen sind weich und grün. Das Gras bedeckt sie wie ein grüner Teppich. Die Leute sind freundlich. Man braucht an nichts zu denken. Gegessen wird ziemlich viel. Gefrühstückt wird in einer lauschigen, sonnendurchstochenen Gartenlaube. Die appetitliche Wirtin trägt das Frühstück auf, du brauchst nur zuzugreifen. Bienen summen um deinen Kopf herum, der ein wahrer Sommerfrischenkopf ist. Schmetterlinge gaukeln von Blume zu Blume, und ein Kätzchen springt durch das Gras. Ein wunderbarer Wohlgeruch duftet dir in die Nase. Hiernach macht man einen Spaziergang an den Rand eines Wäldchens, das Meer ist tiefblau, und muntere braune Segelschiffe fahren auf dem schönen Wasser. Alles ist schön. Es hat alles einen gewinnenden Anstrich. Dann kommt das reichliche Mittagessen, und nach dem Mittagessen wird unter Kastanienbäumen ein Kartenspiel gespielt. Nachmittags wird im Wellenbad gebadet. Die Wellen schlagen dich mit Erfrischung und Erquikkung an. Das Meer ist bald sanft, bald stürmisch. Bei Regen und Sturm bietet es einen großartigen Anblick dar. Nun kommen die schönen stillen Abende, wo in den Bauernstuben die Lampen angezündet werden und wo der Mond am Himmel steht. Die Nacht ist ganz schwarz, kaum durch ein Licht unterbrochen. Etwas so Tiefes sieht man nirgends. So kommt ein Tag nach dem andern, eine Nacht nach der andern, in friedlicher Abwechslung. Sonne, Mond und Sterne erklären dir ihre Liebe, und du ihnen ebenfalls. Die Wiese ist deine Freundin, und du ihr Freund, du schaust während des Tages öfters hinauf in den Himmel und hinaus in die weite zarte weiche Ferne. Am Abend, zur bestimmten Stunde, ziehen die Rinder und Kühe ins Dorf hinein, und du schaust zu, du Faulenzer. Ja, in der Sommerfrische wird ganz gewaltig gefaulenzt, und eben das ist ja das Schöne.

LEOPOLDO ALAS (CLARÍN)

Die beiden Gelehrten

Inmitten der Waldungen einer fruchtbaren und malerischen Gegend Spaniens liegt das Thermalbad Aguachirle. Jedermann ist dort zufrieden. Man kommt gut miteinander aus. Nur zwei alte, ehrwürdige Herren nicht. Sie können einander nicht ausstehen. Auf die andern Badegäste schauen sie verachtungsvoll herab, halten sie für gemeinen Pöbel.

Wer sind diese beiden alten Herren? Im Hotel weiß man kaum etwas über sie; zum ersten Mal besuchen beide das Bad. Woher sie stammen, bekommt man nicht heraus. Bestimmt jedoch sind sie keine Provinzler. Vielleicht kommt der eine aus dem Süden, der andere vom Norden oder auch umgekehrt. Vielleicht sind sie ganz woanders her. Fest steht nur: der eine behauptet, Don Pedro Pérez zu heißen, der andere nennt sich Don Álvaro Álvarez. Beide erhalten fast täglich ein dickes Paket mit ihrer Post: Briefe, Zeitungen, Zeitschriften und Bücher. Man hält die beiden Herren deshalb für Gelehrte. Was aber ist ihr Fach? Niemand kann es sagen, und sie selber verraten es nicht.

Die beiden Herren sind zwar sehr höflich, doch zugleich kühl – unnahbar für jedermann. Anfangs ließ man sie gewähren, dachte nicht weiter über sie nach. Heiter nahm man die verachtungsvollen Blicke dieser Weisheitsapostel hin. Zwei Narren gewiß, mit anspruchsvollen Launen und schwierig im Umgang. Unter dem dünnen Mantel einer gefühlsarmen Erziehung verbargen sich vermutlich verteufelte Zornesausbrüche.

Nach ein paar Tagen aber sprachen die müßigen Badegäste bei Tisch von nichts anderem mehr als von dem Benehmen der beiden Herren. Man witterte hinter der gegenseitigen Abneigung eine höchst amüsante Komödie. Offen wagte niemand, sich über die beiden lustig zu machen. Dafür flößten sie zu viel Respekt ein. Aber hinter ihrem Rücken genoß man und kommentierte man die verschiedenen Grade, in denen sie ihren gegenseitigen Groll ausdrückten. Der verstärkte sich immer mehr, denn sie hatten noch dazu den gleichen Geschmack, die gleichen Gewohnheiten; sie suchten oder mieden die gleichen Dinge und ärgerten sich schwer darüber.

Pérez war ein paar Tage früher als Álvarez in Aguachirle eingetroffen. Er beklagte sich über das Zimmer, das man ihm gegeben hatte, über seinen Platz bei Tisch, über den Bademeister, den Klavierspieler, den Arzt, den Koch, das Zimmermädchen, den Hausdiener, der die Schuhe putzte. Ihn störten die Kirchenglocken, die Hühner und Hunde in der Nachbarschaft, die ihn nicht schlafen ließen.

Über die Kurgäste zu klagen, das scheute er sich. Dabei waren die sein allergrößter Verdruß. Welch ein erbärmlicher, jammervoller Menschenhaufen! Lüsterne Greise, alberne junge Mädchen, gezierte Mütter, egoistische Geistliche, zudringliche Burschen, gewöhnliche und geizige Parvenüs aus Südamerika, verdächtige Edelleute, unerträgliche Sonderlinge, ekelerregende Kranke – die ganze Pest des Spießertums! Und dabei waren es noch nicht einmal die Schlimmsten! Denn das einfache Volk ... uff, das Volk! Eine wirkliche Aristokratie gab es ja, streng genommen, gar nicht! Und diese allgemeine Unwissenheit! Welche Qual, das mit anhören zu müssen! Ohne ihm entfliehen zu können, mußte man bei Tisch den unbeschreiblichen Unsinn, die tollsten Trivialitäten über sich ergehen lassen! Ekel und Trauer bedrückten darob das Herz unseres Gelehrten.

Einige Zudringliche, an denen es in allen Badeorten nicht fehlt, versuchten, Pérez über seine Ansichten, seine Neigungen auszufragen, ihn zum Sprechen zu bringen, näheren Umgang mit ihm zu pflegen, ja ihn sogar zur Teilnahme an den gemeinsamen Spielen zu veranlassen. Ein Halbverrückter schlug ihm sogar vor, er solle mit einer gewissen Dame einen Rigaudon tanzen ...

Pérez hatte eine ganz besondere Art, sich derartiger lästiger Fliegen zu entledigen. Die Klügeren hielt er sich durch ein paar wenige Worte fern. Bei den Aufdringlicheren bedurfte es mehr Mühe, mehr unvermeidlicher Kühle. Aber es dauerte nie lange, und er war sie alle los. Diese ganze trübselige Menschheit störte ihn nicht wenig bei seinem Kampf um die eigene Bequemlichkeit. Spärlich genug war es ohnehin, was ihm der Badeort in dieser Beziehung bot. Andere hatten die besseren Zimmer, die angenehmeren Plätze bei Tisch. Andere vor ihm hatten sich der bequemeren Badewannen und sonstiger zur Kur gehörender Apparate bemächtigt. Andere, kurz gesagt, schnappten ihm die besten Bissen weg!

Ein sehr dicker und sehr beredter Kanonikus – man wußte nicht, ob auf Grund seines Alters oder eines hassenswerten Privilegs – hatte den Ehrenplatz am Haupttisch inne. Der Küchenchef und das gesamte Personal konzentrierten ihre besondere Aufmerksamkeit und Fürsorge auf diesen Platz, an dem es nie von den Türen und Fenstern her zog, was Pérez besonders zuwider war. Er saß jedoch nicht weit von dem Kanonikus entfernt und zeigte ihm seine Verachtung sehr deutlich. Er tat dies besonders auffallend und mit herausfordernden Blicken, weil er den Geistlichen, Don Sindulfo, beneidete. Doch der merkte gar nichts davon, hatte wiederholt versucht, ein Gespräch mit Pérez anzuknüpfen. Doch ihm ward so einsilbige Antwort, daß der Kanonikus Herrn Pérez bedauernd verzieh, als einem, der nicht wisse, was er tue. Ein Gespräch bei Tische ist doch so heilsam für die Verdauung!

Don Sindulfo schien einen Magen aus Gold zu besitzen! Er schwärmte für die Hotelküche mit ihren pikanten Saucen und scharfen Gewürzen. Pérez' Magen hingegen war wie eine Mimose. Ihm war dieses Essen mit seinen unerfreulichen französischen Gerichten höchst zuwider.

Don Sindulfo träumte selig mit offenen Augen, wenn die Essenszeit nahte. Pérez zitterte vor dem kritischen Augenblick, wo er eine Mahlzeit, zu der er weder Lust noch Appetit verspürte, verzehren mußte.

»Ah, es läutet zum ersten Male!« sagte Don Sindulfo jedesmal, wenn die Essensglocke ertönte, und lächelte seine Umgebung an.

»Oh, man läutet zum zweitenmal!« rief er bald darauf mit seiner vor Genußsucht zitternden Stimme.

Wenn Pérez ihn hörte, schwor er sich immer wieder aufs neue, schleunigst eine gewisse Monographie zu beenden, an der er gerade arbeitete und die für die Aufhebung der Domkapitel warb.

Der unverträgliche sogenannte Gelehrte versuchte hartnäckig, das Terrain zu untergraben: er verhandelte mit den Kellnern und höheren Angestellten, drohte mit seiner sofortigen Abreise, bis man ihm versprach, er solle den Ehrenplatz mit all seinen Vorteilen haben, wenn der Kanonikus abreise. Das sollte bald sein; und koste es, was es wolle, er, Pérez, reflektierte dann auf den Platz. Auch bot sich ihm die Möglichkeit auf ein Zimmer, sehr günstig gelegen, mit dem schönsten Blick, kühl und weitab vom Kurgetriebe und daher sehr ruhig. Um seinen Kaffee in Ruhe zu trinken, hatte Pérez sein Augenmerk auf einen stillen Winkel, weitab vom Klavier, gerichtet. Jetzt war er leider noch von einem verabschiedeten Obersten besetzt. Der mochte fähig sein, sich mit dem zu schießen, der ihm diesen Platz abspenstig machen wollte. Wenn der Oberst aber abreiste – was hoffentlich bald geschehe! –, so war dieser Platz unserm Pérez sicher.

Just da kam Álvarez an. Alles, was wir bisher über Pérez gesagt haben, traf auch auf Álvarez zu. Nur daß er einen stärkeren Willen hatte, mehr Ausdauer und Dreistigkeit, seine Extrawünsche vorzubringen. Sonst aber die gleichen unausstehlichen Launen!

Auch ihn verdroß diese Menschenansammlung von entsetzlicher Trivialität. Auch ihm verdarb der Anblick jenes Kanonikus, der am runden Mitteltisch den besten Platz besetzt hielt, den Appetit. Um so mehr, als der geistliche Herr mit aufreizender Heiterkeit alles ausgezeichnet zu verdauen schien. Álvarez durchbohrte ihn ebenfalls mit giftigen Blicken und antwortete kaum, wenn der freundliche Don Sindulfo ihn anredete. Álvarez bezeigte auch ein Interesse für das ruhige Zimmer, das sich Pérez vorgemerkt hatte; auch er schien den Winkel im Auge zu haben, wo der Oberst seinen Kaffee zu trinken pflegte.

Bei den gemeinsamen Mahlzeiten sah man Álvarez an der Nasenspitze an, daß er alle Anwesenden für Tölpel und Schwätzer hielt ... ausgenommen vielleicht einen gleich ihm alten und kahlköpfigen Herrn, der ihm gegenüber seinen Platz hatte, der niemals ein Wort sprach, niemals über die albernen Witze jener Leute lachte.

Das war kein Schwätzer, ein Tölpel gleichwohl! Warum sollte er keiner sein? Und Álvarez begann auch ihn mit Abneigung zu beobachten. Er stellte fest, daß sein Gegenüber meistens schlechter Laune war, egoistisch und voller Grillen, immer nur nach unmöglich zu erlangenden Bequemlichkeiten strebte.

Der ist wahrscheinlich ein Oberlehrer oder ein dünkelhafter Archivar! Und ich, ein Gelehrter von wissenschaftlichem Rang, der ich inkognito reise unter dem falschen Namen Álvarez, um mir die neugierigen und unverschämten Bewunderer vom Leibe zu halten, ich könnte mich totärgern über dieses alberne Schulmeisterlein, das es wagt, sich erhaben zu fühlen über das Gedränge der gewöhnlichen Badegäste!

Es kam ihm sogar vor, als betrachte dieser eingebildete Archivar ihn mit Zorn, mit Verachtung. Das war denn doch die Höhe!

Und das war nicht einmal das Schlimmste! Am meisten ärgerte ihn die häufige Übereinstimmung ihres Geschmackes, ihrer Neigungen, die sie unerträglich oft zusammenführte.

Sie paßten beide wirklich nicht an diesen Kurort! Álvarez ging sofort in die Halle hinaus, wenn der Pianist anfing, die »Ungarische Rhapsodie« zu spielen ... Dort stieß er natürlich auf Pérez, der ebenfalls dem mißhandelten Liszt entflohen war! Im Leseraum interessierte sich niemand für die »Times«, außer dieser Archivar natürlich. Und das gerade in der Stunde, wo er, Álvarez der Falsche, sich über die auswärtige Politik unterrichten wollte in der einzigen Zeitung, die es in diesem Hause gab, die sich zu lesen lohnte!

Der Archivar konnte also auch Englisch! Auch das noch, dieser Pedant! Es machte Álvarez keinen Spaß, in den geschmacklosen Gartenanlagen des Hotels frische Luft zu schöpfen. Er suchte vielmehr die Einsamkeit einer Wiese von sprießendem Grün an einem steilen Abhang hinter dem Haus. Auf der Spitze des Hügels, im Schatten *seines* Apfelbaumes, wen fand er dort jeden Nachmittag? Pérez natürlich, der nicht ahnte, wen er da störte!

Weder Pérez noch Álvarez verzichteten auf den Platz. Sie setzten sich sehr nahe nebeneinander, ohne je ein Wort zu wechseln. Heimlich aber warfen sie sich Blicke voller Gift und Galle zu.

Wenn der vermeintliche Archivar derartige Sympathien bei dem falschen Álvarez auslöste, so wünschte Pérez den zum Kuckuck. Er hätte ihn gern öffentlich herausgefordert, wenn er sich nicht darüber klar gewesen wäre, daß Álvarez ein sehr energischer Mann sei und seine Fäuste stärker als die seinen.

Pérez war in Wirklichkeit ein südamerikanischer Gelehrter aus Ecuador, der schon seit vielen Jahren in Spanien lebte, allerlei Wissenschaften und die spanische Literatur studierte, öfters Reisen nach Paris, London, Berlin, Moskau und andere Hauptstädte unternahm. Er hieß natürlich nicht Pérez, sondern Gilledo. Auch er reiste manchmal inkognito, weil er meinte, so besser in Spanien forschen zu können, ohne daß ihm, erfuhr man seinen berühmten Namen, etwas verheimlicht werden könnte. Gilledo oder Pérez also nahm an, der Eindringling Álvarez sei irgendeine Provinzgröße, die den Berühmten spielte mit seiner Überspanntheit und seinen verrückten Ideen. Das war ja alles nur Theater! Und dies Theater war Pérez höchst lästig. Denn dieser Unbekannte, wahrscheinlich irgendein Apotheker, ahmte ihn offensichtlich nach, da er ihm stets in die Quere kam: beim Spaziergang, in der Halle, im Leseraum ...

Pérez hatte wohl bemerkt, daß Álvarez die abgeschmackte Badegesellschaft ebenfalls verabscheute oder wenigstens so tat, daß er mit Groll und Abneigung den Kanonikus beobachtete, der bei Tisch regierte.

Von Tag zu Tag wuchs so die Antipathie, man könnte schon sagen: der Haß zwischen den beiden Gelehrten, die inkognito reisten. Die heimlichen Beobachter dieses Hasses fürchteten ernstlich, aus dem Lustspiel könne unversehens eine Tragödie werden und die beiden seltsamen ehrenwerten Alten sich an die Köpfe geraten.

Und es kam zum kritischen Augenblick! Zufällig verließen den Badeort im gleichen Zug der Kanonikus, der Badegast, der das begehrte Zimmer bewohnt hatte, und der Oberst, der die stille Ecke nun frei ließ, die so weit vom Klavier wie möglich war! Eine entsetzlich unangenehme Situation ergab sich!

Es stellte sich nämlich heraus, daß die Hoteldirektion die Nachfolge von Don Sindulfo und das bequeme Zimmer erst Pérez und danach auch Álvarez zugesichert hatte.

Ohne Zweifel: Pérez hatte das Vorzugsrecht! Aber Álvarez ... mit *dem* Charakter! Was für ein Anblick, als die beiden, zitternd vor Wut, die Hände um die Stuhllehne des Kanonikus krampften! Man wußte nicht, ob sie um den Stuhl stritten oder ihn als Wurfgeschoß benutzen wollten. Sie beleidigten sich mit keinem Wort, aber sie verschlangen sich mit den Augen.

Der Hoteldirektor hielt es für ratsam, sich in den Streit zu mischen. Er eilte in den Speisesaal.

»Sie müssen entscheiden!« riefen die beiden Gelehrten wie aus einem Munde.

Es ließ sich nicht leugnen, daß Pérez das ältere Recht hatte. Álvarez gab auf latein nach, das heißt, er zitierte einen Paragraphen aus dem Römischen Recht, der zugunsten seines Gegners sprach. Er wollte damit klarstellen, daß er aus Vernunftsgründen verzichtete, nicht etwa aus Angst.

Nun ging es um das Zimmer! Es wurde noch schlimmer! Wieder war Pérez zeitlich der erste gewesen. Álvarez aber erklärte, dieser Beweis sei von Grund auf unsinnig und nichtig. Daher: »Tractu temporis convalescere non potest ...« Man könne nicht immer die Zeit vorschieben. Es sei lächerlich, daß Pérez deshalb alle Vorteile im Übermaß für sich in Anspruch nehme. Er halte sich an das ihm gegebene Versprechen und er werde sogleich das unglückselige Zimmer beziehen. Seine Koffer habe er bereits dorthinbringen lassen.

Und er pflanzte sich auf der Türschwelle auf, die Fäuste drohend geballt, und schrie: »In pari causa, melior est conditio possidentis ...«

Damit trat er in das Zimmer und schloß von innen ab.

Pérez verzichtete nicht auf Grund des Römischen Rechtes, sondern aus Angst.

Was die Ecke des Obersten betraf, so stritten sie darüber jeden Tag aufs neue. Beide eilten so schnell sie konnten zu dem Platz, um nur ja der erste dort zu sein. Der später Kommende brummte protestierend vor sich hin, setzte sich ganz dicht neben seinen Feind an das gleiche Marmortischchen.

Wie gräßlich zuwider waren sie sich einander! Aber da sie den gleichen Geschmack, die gleichen Antipathien und Sympathien hatten, flohen sie stets die gleichen Orte und suchten die gleichen Zufluchtsstätten auf.

Eines Tages, als Pérez wieder vor der »Ungarischen Rhapsodie« ausgerissen war, setzte er sich in die Halle auf einen Schaukelstuhl, einen Stoß von Briefen und Zeitungen in der Hand.

Kurz darauf erschien Álvarez mit einem ähnlichen Packen und ließ sich Pérez gegenüber ebenfalls in einem Schaukelstuhle nieder. Natürlich grüßten sie sich nicht.

Beide vertieften sich in ihre Briefe.

Aus dem Haufen seiner Korrespondenz zog Álvarez eine Karte heraus und betrachtete sie lange, völlig verblüfft.

Auch Pérez meditierte über einer ähnlichen Karte mit entsetzten Augen.

Álvarez hob endlich den Kopf und starrte seinen Feind betroffen an.

Der, wenig später, blickte gleichfalls auf und stierte offenen Mundes auf den unglückseligen Álvarez.

Der raffte sich auf, streckte seine Hand aus und stammelte mit zitternder Stimme: »Ist es möglich ... Sie, mein Herr ... sind ... kann es denn sein ... der Doktor Gilledo?«

»Und Sie ... oder träume ich etwa ... kann es möglich sein? ... Sie sind der berühmte Fonseca? ...«

»Ja, Fonseca, der Freund, der Schüler, der Bewunderer und Apostel des Meisters Gilledo und seiner Lehre ...«

»... von unserer Lehre, bitte. Sie stammt nicht nur von mir. Ich bin der Bahnbrecher gewesen. Sie sind der geistvolle, der gelehrte, tiefschürfende, beredte Reformator und Verbreiter meiner Lehre, dem ich so viel verdanke ...«

»Und hier treffen wir nun zusammen ...«

»Und hätten wir nicht jene lächerliche Schwäche gehabt – die Idee stammt von mir, ich muß es zugeben –, uns durch eine Photographie von Angesicht kennenlernen zu wollen ...«

»Wahrhaftig, ohne diese Schwäche ...«

Fonseca tat den ersten Schritt. Er öffnete weit die Arme und schloß sie um Gilledo, natürlich mit der Gemessenheit, die berühmten Gelehrten geziemt.

Was geschehen war, ist sehr einfach zu erklären.

Beide Wissenschaftler hatten sich, wie schon gesagt, ausgedacht, unter dem falschen Namen zu reisen. Von seiner Madrider Wohnung aus hatte sich Fonseca die

Post in Paketen nachschicken lassen unter dem Namen Álvarez. Gilledo hatte die gleiche Idee mit seiner Post gehabt.

Seit vielen Jahren waren Gilledo und Fonseca sozusagen ein Herz und eine Seele auf dem Felde ihrer Wissenschaft. Gilledo hatte als erster gewisse höchst komplizierte Theorien über die prähistorischen Wanderungen bestimmter Völker und über andere vorgeschichtliche Probleme aufgestellt. Fonseca hatte seine Hypothesen mit neidloser Bewunderung aufgegriffen und sie auf anderen Gebieten der Völkerkunde und Sprachwissenschaften so einleuchtend angewandt, daß sie zu großer Bedeutung gelangten. Er verbreitete die Ideen in vielgelesenen Büchern, die für das Publikum leichter zu verstehen waren als die Schriften Gilledos. Der seinerseits neidete dem Apostel seiner Ideen nicht den Glanz seiner volkstümlichen Darstellung, noch verleugnete Fonseca je die Überlegenheit des Urhebers der Theorien, seines Meisters, wie er ihn freimütig zu nennen pflegte. Die Polemiken, die sie gemeinsam gegen Wissenschaftler anderer Meinung durchfochten, vertieften ihre Beziehungen noch. Anfangs war ihr ständiger Briefwechsel rein wissenschaftlichen Inhalts. Manchmal erwähnten sie die gegenseitige Zuneigung, manchmal den gemeinsamen Stolz. Mit der Zeit aber wurde der Ton ihrer Briefe persönlicher, mehr als seien sie Brüder und nicht nur Fachkollegen.

Álvarez oder, besser gesagt, Fonseca war der leidenschaftlichere von beiden. Er sehnte sich schließlich derart danach, das Angesicht seines Schreibfreundes endlich kennenzulernen, daß er dies schriftlich bekannte, nicht ohne daß beide die Idee eigentlich für eine lächerliche menschliche Schwäche hielten. Trotzdem waren sie übereingekommen, sich an einem gleichen Datum ihr Bildnis zuzuschicken.

Der Zufall, der bei einer solchen Geschichte unerläßlich ist, hatte es gewollt, daß diese Photographien an genau dem gleichen Tage ankamen und vielleicht wirklich ein Unglück verhüteten.

Merkwürdigerweise hatte keiner der beiden Freunde daran gedacht, dem anderen von der bevorstehenden Reise inkognito in das Thermalbad zu schreiben. Das stand mit allen Einzelheiten in dem Begleitbrief zu den Bildern. Natürlich! Wie hätte es anders sein können!

Álvarez und Pérez schätzten sich ganz außerordentlich. Sie redeten sich auch nach der Entdeckung mit den falschen Namen an, um das Geheimnis ja zu wahren. Denn sie wollten selbstverständlich nicht, daß irgend jemand im Hotel etwas von dem Vorgefallenen erführe.

Sie schätzten sich so sehr, sie waren so kluge und beherrschte Gelehrte, daß sie natürlich allen Streit, allen Haß, der sie getrennt hatte, als sie sich verkannten, gänzlich abstreiften und sich mit dem größten Respekt, mit vollendeter Achtung behandelten, ohne auch nur die geringste Meinungsverschiedenheit mehr zu haben. Ja, sie waren so sehr einer Meinung, daß am Tage nach der großen Entdeckung beide zufällig wieder den gleichen Entschluß faßten: nämlich, sobald als möglich den Kurort zu verlassen und dahin zurückzukehren, wo sie hergekommen waren.

So geschah es auch. Schon am selben Nachmittage reiste Gilledo mit dem Zuge nach Süden, und Fonseca schlug die Richtung gen Norden ein. Sie sahen sich im Leben niemals wieder.

Und jeder von ihnen dachte, er habe die Klugheit eines Marc Aurel bewiesen, indem man sich so rasch und schmerzlos voneinander getrennt habe. Denn – o schwache Menschennatur! – die kindische und prosaische Abneigung, die der unbekannte Freund dem anderen eingeflößt hatte, war nach dem sinnlosen Erkennen nicht etwa gewichen!

Das Geschöpf ihrer Einbildung aus Fleisch und Blut, das beide sich erdichtet hatten, als sie sich haßten und verachteten, ohne zu wissen, wer sie wirklich waren, es ließ sich nicht mehr verjagen. Der wirkliche, wenn auch unsichtbare Freund aus dem Briefwechsel und der gemeinsamen wissenschaftlichen Arbeit ließ sich nicht mehr ins reine Gefühl bannen. Für Fonseca war und blieb der Gilledo, den er mit leiblichen Augen gesehen hatte, immer der abscheuliche Archivar; für Gilledo blieb Fonseca der verhaßte Apotheker …

Sie korrespondierten weiter, aber nur noch über rein wissenschaftliche Probleme.

Ein Jahr später aber veröffentlichte ein deutsches Jahrbuch einen Artikel, der eine Sensation für die Archäologen in aller Welt bedeutete. Er hieß »Eine abweichende Meinung« und war von Fonseca gezeichnet. Der Verfasser versuchte zu beweisen, daß jene prähistorischen Rassen nicht vom Westen nach dem Osten gezogen seien, wie er unter dem Einflusse seines gelehrten Meisters bisher geglaubt habe, sondern vielmehr, dem Laufe der Sonne folgend, vom Osten nach dem Westen!

KURT KUSENBERG

Die Fliege

Nicht jeder Raum eignet sich zum Nachdenken, und wenn man hundert Räume besitzt, muß man herausfinden, welcher von ihnen die Gedanken am meisten fördert. Sooft der Sultan von Tubodin über etwas nachsinnen wollte, begab er sich in die Grüne Kammer, legte sich auf ein Sofa und schloß die Augen; fast immer kam er zu guten Einsichten. Allerdings mußte es in der Kammer ganz, ganz still sein – vor allem durfte dort nie eine Fliege summen, denn dieses Geräusch war dem Sultan verhaßt.

Der Sklave Maurus hatte dafür zu sorgen, daß in die Grüne Kammer keine Fliege drang. Ein bequemes Amt, wird Mancher sagen, ein Faulenzerposten, wie er nur im Morgenland vergeben wird. Doch damit tut man dem Sklaven Maurus Unrecht. Zum einen hatte er sich das Amt ja nicht erwählt, sondern es war ihm, der in seiner Heimat als ein kundiger Baumeister galt, vom Schicksal auferlegt worden, und er litt unter der Erniedrigung. Zum anderen ist es gar nicht so leicht, im Orient Fliegen aus dem Zimmer zu halten.

An dem Tage, von dem hier berichtet wird, ruhte der Sultan in der Grünen Kammer auf dem Sofa und sann vor sich hin. Maurus, der mit seiner Fliegenpatsche bei der Tür stand, war unruhig. Er wußte es nicht geradezu, aber er ahnte, er argwöhnte, daß irgendwo eine Fliege sitze, und konnte nur hoffen, daß sie sich nicht zeige. Doch da hörte, da sah er sie schon. In taumeligen Kurven flog sie einher und summte wie eine Hornisse.

Der Sultan schlug die Augen auf. »So liederlich«, sprach er, »versiehst du dein Amt! Wie soll ich nachdenken, wenn das Zimmer voller Fliegen ist?«

»Verzeiht, Herr«, antwortete Maurus. »Es ist nur eine einzige Fliege, und ich werde sie sofort erlegen.«

Der Sultan blickte nach einem Tisch aus Jaspis, auf dem vielerlei Kostbarkeiten standen. »Wende die goldene Sanduhr um. Solange der Sand rieselt, hast du Zeit, die Fliege zu töten. Gelingt es dir nicht, stirbst du.«

Es war eine kurze Frist, denn das goldene Ding diente als Zeitmaß für die Ansprachen, die der Sultan an seine Minister richtete; in sechs Minuten lief der Sand durchs Glas. Mit zitternder Hand kehrte Maurus die Sanduhr um und begann eine Jagd, die keinen guten Ausgang versprach. In der Grünen Kammer standen auf sieben langen Tischen unzählige Kunstgegenstände, an den Wänden hingen Ampeln, Waffen und geschnitzte Figuren: lauter Verstecke für die Fliege, sichere Verstecke, weil Maurus nichts beschädigen durfte.

Die Fliege stieß ans Fenster, zweimal, dreimal, und Maurus schlich hinzu. Als sie erneut gegen die Scheibe fuhr, schlug er nach ihr; doch er verfehlte sie. Mit empörtem Gesumm stürzte und wirbelte die Fliege umher, sie führte sich auf wie eine Besessene. Obwohl ein winziges Wesen nur und des Denkens nicht fähig, spürte sie genau, daß man ihr ans Leben wollte. Zudem war es die Stunde, in der alle Fliegen der Welt, auch wenn sie sich nicht bedroht fühlten, unsinnige Tänze aufführen – die Stunde vor Sonnenuntergang.

Die Fliege in der Luft zu treffen, schien unmöglich. Blitzschnell schoß sie dahin und änderte in einem fort die Richtung. Maurus behielt sie im Auge, er betete im stillen, sie möge sich endlich niedersetzen. Es kam ihm jetzt nicht mehr darauf an, ob er mit seiner Patsche etwas beschädigte: wenn er nur das leidige Insekt dabei erschlug. Da setzte sich die Fliege nieder, und es war, als vermöge sie doch zu denken, denn nunmehr befand sie sich jenseits aller Gefahr. Sie saß auf der rechten Schulter des Sultans.

Maurus blickte auf die Sanduhr und sah, daß sie zur Hälfte abgelaufen war. Was sollte er bloß tun? Es ging nicht an, den Sultan von Tubodin mit der Fliegenpatsche zu treffen, und wer es dennoch unternahm, mußte mit einem qualvollen Tode rechnen. Da war der flinke Säbel des Henkers noch das kleinere Übel.

Der Sultan lag mit geschlossenen Augen auf dem Sofa, er tat, als sinne oder träume er vor sich hin; er weidete sich jedoch an der Verzweiflung des Sklaven. Er horchte auf dessen Schritte und suchte zu erraten, wie es um die Fliegenjagd stand. Als er Maurus nicht mehr gehen, die Fliege nicht mehr summen hörte, wurde er unmutig. Am Ende gelang es dem Tölpel, sich im allerletzten Augenblick zu retten! Der Sultan konnte nicht wissen, daß die Fliege auf seiner eigenen Schulter saß, daß sie einen hohen Schutz genoß.

Maurus stand reglos, er hatte keine Hoffnung mehr. Ohne hinzuschauen, sah er, wie die Sanduhr drüben ihm eilig das Urteil ausfertigte. Vor seinen Augen wuchsen Häuser empor, Rathäuser und Handelshöfe und Getreidespeicher, eine ganze Stadt, die er hätte bauen wollen und die nun ungebaut blieb, einer Fliege wegen. Indem er dies dachte, hob die Fliege sich von des Sultans rechter Schulter und kreiste in der Luft. Gleich darauf fuhr sie nieder, dicht an Maurus vorbei. Sie streifte die Fliegenpatsche, flog das Sofa an, lief darüber hin, stieg erneut auf und setzte sich schließlich auf des Sultans rechtes Knie. Dort verhielt sie.

Ein wilder Zorn befiel Maurus. »Wenn ich ohnedies sterben muß«, dachte er, »soll auch der Sultan sterben. Er ist nicht allzu kräftig, es wird leicht sein, ihn zu erwürgen, und hinterher werde ich mich aufhängen.« Aber schon kam ihm ein neuer Gedanke: »Meine Tat wird sicherlich nicht gleich entdeckt. Ich fliehe – vielleicht habe ich Glück, nach so viel Unglück.«

Er trat leise auf den Sultan zu und streckte seine Hände aus. Sie zitterten nicht, wie vorhin, als er die Sanduhr umgewendet hatte, sie waren ganz ruhig. Jetzt kam es darauf an, den Hals des Sultans rasch und fest zu umklammern, damit ihm kein Schrei mehr entfahre. In diesem Augenblick verließ die Fliege ihren Sitz, zog einen Halbkreis und ließ sich auf der Stirn des Sultans nieder. Der Sultan schlug nach ihr, die Fliege fiel auf das Sofa herab.

Im Zuschlagen öffnete der Sultan die Augen. Er sah die Hände des Sklaven dicht bei seinem Hals und erkannte, was Jener mit ihm vorhatte. »Du willst mich töten?« fragte er.

Maurus nickte. »Ich wollte es, Herr, weil ich um einer Fliege willen sterben sollte.«

Als dem Sultan aufging, wie nahe ihm der Tod gewesen, erschrak er. Sein Herz pochte, er wurde bleich. Einer Fliege wegen, sann er und konnte es gar nicht fassen, einer kleinen Fliege wegen wäre ich ums Haar ermordet worden.

Er brauchte ein Weilchen, bis er seine Stimme wiederfand. Dann sprach er: »Daß du mich töten wolltest, lassen wir beiseite. Fest steht, daß nicht klar entschieden worden ist, ob du dein Leben verwirkt hast oder nicht, denn als ich die Fliege erschlug, war die Frist noch nicht abgelaufen. Oder irre ich mich?«

»Ich weiß es nicht, Herr«, erwiderte Maurus. »Ich habe zuletzt den Anblick der Sanduhr gemieden.«

»Wir wollen«, fuhr der Sultan fort, »den Fall zu Ende bringen. Du wendest jetzt noch einmal die Sanduhr; dann rennst du, so schnell du kannst und so weit du kommst, um dein Leben. Sobald die Zeit um ist, schicke ich meine Aufseher und die Jäger mit den Hunden hinter dir her. Faßt man dich, gehörst du dem Henker.«

Maurus tat, wie ihm befohlen war. Er kehrte die Sanduhr um, stürzte aus der Grünen Kammer, rannte die Treppen hinab, durcheilte die Höfe, die Tore und erreichte im Nu die engen Gassen der Stadt. Alle, an denen er vorüberschoß, hielten ihn für den schnellsten Kurier des Sultans.

In der Grünen Kammer lief die Sanduhr aus. Der Sultan griff nach einer Glocke, um die Aufseher herbeizuläuten; da sah er, was er nicht glauben mochte. Die Fliege auf dem Sofa, die er tot gewähnt, hatte sich erholt, sie kroch umher. Als sie sich gar in die Luft schwang und auf ihn zuflog, duckte er sich wie unter einer Gefahr. »Ein Zeichen!« dachte er furchtsam. »Eine Warnung! Ich soll nicht läuten.«

So kam es, daß die Jagd auf den Sklaven Maurus unterblieb, daß er bald darauf seine Heimat erreichte und wieder ein Baumeister wurde.

GABRIEL LAUB

Zeit zum Schlafen

Viele Menschen freuen sich darauf, sich endlich im Urlaub einmal richtig auszuschlafen. Nur – auch diese Hoffnung erweist sich allzuoft als eine der vielen Illusionen unseres Lebens.

Diesen Traum vom Traum kann sich voll nur derjenige erfüllen, der irgendwo nicht weit von seiner Heimstätte ein verträumtes einsames Traumhäuschen besitzt. Das Haus muß ganz einsam gelegen sein, sonst findet sich mit Sicherheit in der Nachbarschaft ein Hahn oder ein Hund, ein Auto, ein Trecker, ein quietschend bremsender Bus oder ein pfeifender Zug, der den Urlauber morgens zu ungeeigneter Zeit weckt, oder auch nette Leute, mit denen er beim Wein oder Bier, Skat oder Plaudern bis lange in die Nacht hinein herumsitzt.

Das Traumhaus – das erträumte und für ungestörtes Träumen geeignete – darf aber nicht weit von dem Wohnsitz des Urlaubers entfernt sein. Wer in die Ferne reist – egal, ob in ein Zentrum der Touristik-Industrie oder in eine Einöde – hat zuviel Geld ausgegeben, um die teuer bezahlten Urlaubsstunden ruhig zu verschlafen.

Bei Leuten, die kein Ferienhaus besitzen und im Urlaub nicht nur die Reise, sondern auch die Bleibe bezahlen müssen, ist dieses Dilemma natürlich noch größer. Die Urlaubskosten bilden einen starken psychoökonomischen Schlafstörfaktor: Zu diesem Stundenpreis können sich nur Beamte in ihren Büros das Schlafen leisten.

Es gibt im Urlaub natürlich auch andere Schlafstörfaktoren, zum Beispiel das Wetter. Ist das Wetter gut, hat man keine Lust, die Sonne, die gute Luft und das Baden zu verschlafen; regnet es dagegen am Urlaubsort, regt einen die vergeudete Zeit und das herausgeschmissene Geld so auf, daß man nicht ruhig schlafen kann. Sind im Urlaub die Bedingungen so, wie man sie sich wünschte, will man alles bis zur letzten Minute genießen; wird man aber enttäuscht, ärgert man sich und bekommt Alpträume.

So oder so – man kann im Urlaub nicht richtig den Mangel an Schlaf nachholen. Man tut es zu Hause, nach der Rückkehr aus den Ferien.

ANTON TSCHECHOW

Der Reisende erster Klasse

Ein Reisender erster Klasse, der soeben auf dem Bahnhof gespeist hatte und leicht angetrunken war, streckte sich auf das Samtpolster, reckte sich genießerisch und schlummerte ein. Nach kaum fünf Minuten schlug er die Augen auf, schaute mit trunkenem Blick sein Visavis an, lächelte und sagte:

»Mein Vater seligen Angedenkens hatte es gern, wenn ihm nach dem Essen die Weiber Honig um den Mund schmierten. Ich bin genau wie er, nur mit dem Unterschied, daß ich nach dem Essen nicht den Mund, sondern die Zunge und das Gehirn schmiere. Ich armer Sünder liebe einen Plausch auf vollen Magen. Wollen Sie ein bißchen mit mir plaudern?«

»Wie Sie wünschen«, entgegnete sein Visavis zustimmend.

»Nach einer guten Mahlzeit bedarf es nur des geringsten Anstoßes, und schon kommen mir verteufelt großartige Gedanken. Eben zum Beispiel haben wir am Büfett zwei junge Leute gesehen, und Sie haben ja selbst gehört, wie der eine den anderen beglückwünschte, weil er ein bekannter Mann geworden ist. ›Ich gratuliere‹, sagte er, ›jetzt sind Sie angesehen, und bald werden Sie berühmt sein.‹ Offensichtlich Schauspieler oder mikroskopisch winzige Zeitungsschreiber. Aber das ist nicht die Frage. Mich, mein Herr, beschäftigt jetzt das Problem, wie dieses Wort *Ruhm* respektive *Ansehen* eigentlich aufzufassen ist. Was meinen Sie? Puškin nannte den Ruhm einen grellen Flicken auf zerlumpten Kleidern, und wir verstehen dasselbe darunter wie Puškin, das heißt mehr oder weniger subjektiv gesehen, aber noch hat niemand dieses Wort klar und logisch definiert. Für eine solche Definition würde ich viel geben.«

»Wozu brauchen Sie sie denn?«

»Sehen Sie, wenn wir wüßten, was Ruhm ist, dann wären vielleicht auch die Mittel bekannt, um ihn zu erwerben«, sagte der Reisende erster Klasse, nachdem er ein wenig nachgedacht hatte. »Ich muß Ihnen dazu erklären, mein Herr, daß ich, als ich jünger war, mit allen Fasern meines Herzens danach strebte, ein bekannter Mann zu werden. Popularität – das war sozusagen meine Manie. Ihretwegen habe ich studiert, gearbeitet, nächtelang nicht geschlafen, nicht richtig gegessen, meine Gesundheit ruiniert. Und soweit ich unvoreingenommen urteilen kann, hatte ich, scheint mir, alle Voraussetzungen, um populär zu werden. Erstens bin ich von Beruf Ingenieur. Ich habe bis heute in Rußland rund zwei Dutzend herrlicher Brücken gebaut, in drei Städten die Wasserleitung gelegt, in Rußland, in England und in Belgien gearbeitet ... Zweitens habe ich auf meinem Spezialgebiet viele Artikel geschrieben. Drittens, mein Herr, hatte ich schon von Kindheit an eine Schwäche für Chemie; in den freien Stunden widmete ich mich dieser Wissenschaft und entdeckte Verfahren zur Gewinnung mehrerer organischer Säuren, so daß Sie in allen ausländischen Lehrbüchern der Chemie meinen Namen finden. Die ganze Zeit über stand ich im Staatsdienst, ich habe mich hochgedient bis zum Rang eines Wirklichen Staatsrats, und meine Dienstliste ist ohne Makel. Ich will Ihre Aufmerksamkeit durch die Aufzählung meiner Verdienste und Leistungen nicht unnötig in Anspruch nehmen, ich sage nur, daß ich viel mehr getan habe als so mancher, der einen bekannten Namen besitzt. Und was habe ich von alldem? Wie Sie sehen, bin ich alt, es ist sozusagen Zeit zum Abtreten, bekannt aber bin ich genausowenig wie der Hund, der da am Bahndamm entlangläuft.«

»Woher wissen Sie das? Vielleicht sind Sie tatsächlich bekannt.«

»Hm ... ! Das werden wir gleich sehen ... Sagen Sie, haben Sie schon einmal den Namen Krikunov gehört?«

Sein Visavis hob die Augen zur Decke, überlegte und fing an zu lachen.

»Nein, nie gehört ...«, sagte er.

»Das ist mein Name. Sie sind ein hochbetagter, intelligenter Mensch und haben kein einziges Mal von mir gehört – ein überzeugender Beweis! Offensichtlich habe ich, als ich danach strebte, bekannt zu werden, genau das Gegenteil von dem getan, was nötig war. Ich kannte die richtigen Methoden nicht und bin, als ich den Ruhm am Schwanz zu packen suchte, von der falschen Seite herangegangen.«

»Was verstehen Sie denn unter richtiger Methode?«
»Weiß der Teufel! Vielleicht denken Sie sich: Talent? Genialität? Überdurchschnittliche Leistungen? Keineswegs, mein Herr ... Zu meiner Zeit lebten genug Menschen, die Karriere machten, obwohl sie im Vergleich zu mir leer, bedeutungslos und sogar erbärmlich waren. Sie arbeiteten tausendmal weniger als ich, rissen sich niemals ein Bein aus, glänzten nicht mit Fähigkeiten und strebten nicht danach, bekannt zu werden; aber schauen Sie sich diese Leute an! Ihre Namen werden in den Zeitungen und in Gesprächen immer wieder genannt! Wenn es Sie nicht langweilt, möchte ich das an einem Beispiel demonstrieren: Vor einigen Jahren baute ich in K. eine Brücke. Ich muß Ihnen sagen, daß es in diesem elenden Nest stinklangweilig war. Wären nicht die Frauen und das Kartenspiel gewesen, ich wäre wahnsinnig geworden. Nun ja, lang, lang ist's her, ich hatte aus Langerweile mit einer kleinen Sängerin angebändelt. Weiß der Teufel, alle begeisterten sich für diese Sängerin, während sie meiner Meinung nach – wie soll ich Ihnen das sagen? – eine ganz alltägliche Person war, wie es ihrer viele gibt. Ein eitles kleines Ding, launisch, gierig und obendrein noch stockdumm. Sie aß viel, trank viel, schlief bis nachmittags fünf Uhr – und das war wohl auch alles. Sie galt als Kokotte – das war ihr Beruf –, wenn man sich jedoch gebildet ausdrücken wollte, dann bezeichnete man sie als Sängerin und Schauspielerin. Früher zählte ich zu den Theaterenthusiasten, und darum, zum Teufel noch mal, empörte mich dieses unsaubere Spiel mit dem Titel einer Schau-

spielerin maßlos! Sich Schauspielerin oder gar Sängerin zu nennen, dazu hatte meine Kleine nicht das geringste Recht. Sie war ein völlig talentloses, gefühlsarmes und, man kann sogar sagen, klägliches Geschöpf. Soweit ich etwas davon verstehe, sang sie abscheulich, der ganze Reiz ihrer ›Kunst‹ bestand darin, daß sie bei jeder Gelegenheit ihre Beinchen zeigte und nicht verlegen wurde, wenn man zu ihr in die Garderobe kam. Sie suchte sich gewöhnlich nur übersetzte Vaudevilles mit Gesang aus und stets solche, in denen sie sich in enganliegenden Männerkleidern zur Schau stellen konnte. Mit einem Wort: Pfui Teufel! Und nun passen Sie auf. Ich erinnere mich noch wie heute: Die neugebaute Brücke wurde feierlich dem Verkehr übergeben. Ein kurzer Dankgottesdienst fand statt, Reden wurden gehalten, Telegramme in Empfang genommen und so weiter. Wissen Sie, ich ging die ganze Zeit um meine Schöpfung, um mein Kind herum und hatte nur eine Angst, daß mir das Herz vor Erregung zerspringen würde. Das ist lange her, warum soll ich bescheiden sein, ich sage Ihnen, die Brücke war großartig gelungen! Keine Brücke, sondern ein Gemälde, unbeschreiblich! Und ich bitte Sie, wie sollte ich nicht aufgeregt sein, wo doch die ganze Stadt zur Einweihung gekommen war. Na, dachte ich, jetzt werden sich die Leute die Augen nach dir ausgucken. Wo versteckst du dich bloß? Aber o weh – ich hatte mich ganz umsonst aufgeregt, mein Herr. Außer den offiziellen Persönlichkeiten schenkte mir niemand auch nur die geringste Beachtung. Die Leute standen am Ufer und glotzten wie die Hammel auf die Brücke, aber wo der Mann war, der sie gebaut hatte, darum scherten sie sich überhaupt nicht. Und seit der Zeit, das muß ich an dieser Stelle sagen, hasse ich unser hochverehrtes Publikum, der Teufel soll es holen. Aber weiter. Plötzlich geht eine Bewegung durch die Menge: pst, pst, pst ... Die Gesichter lächeln, Achseln zucken. Jetzt müssen sie dich entdeckt haben, denke ich. Aber nein, keine Spur! Was sehen meine Augen: durch die Menge hindurch drängt sich meine kleine Sängerin, gefolgt von einer Schar von Taugenichtsen; und dieser ganzen Prozession eilen die Blicke der Menschen nach. Ein tausendstimmiges Geflüster erhob sich: ›Das ist die und die ... Süß! Bezaubernd!‹ Jetzt wurde man auch auf mich aufmerksam ... Zwei Milchbärte – wahrscheinlich Liebhaber der Bühnenkunst aus dem Ort – sahen zu mir herüber, wechselten einen Blick und flüsterten: ›Das ist ihr Geliebter!‹ Wie gefällt Ihnen das? Und irgend so eine widerliche Type neben mir, mit Zylinder und einer seit langem nicht rasierten Visage, trat immerzu von einem Fuß auf den anderen, drehte sich dann zu mir um und sagte: ›Wissen Sie auch, wer die Dame ist, die dort am anderen Ufer geht? Das ist die und die ... Ihre Stimme ist unter aller Kritik, aber beherrschen tut sie sie vollendet ...!‹

›Können Sie mir nicht sagen‹, fragte ich die Type, ›wer die Brücke gebaut hat?‹

›Keine Ahnung‹, lautete die Antwort. ›Irgend so ein Ingenieur‹.

›Und wer‹, fragte ich weiter, ›hat in Ihrem K. den Dom erbaut?‹

›Kann ich Ihnen auch nicht sagen.‹

Ich fragte ihn noch, wer in K. als der beste Pädagoge gelte, wer der beste Architekt sei, und bei all diesen Fragen stellte sich heraus, die Type hatte keine Ahnung.

›Und sagen Sie mir bitte‹, fragte ich schließlich, ›mit wem lebt diese Sängerin zusammen?‹

›Mit einem gewissen Krikunov, einem Ingenieur.‹

Na, mein Herr, wie gefällt Ihnen das? Aber weiter ... Minnesänger und Barden finden Sie auf der ganzen Welt nicht mehr, bekannt wird man ausschließlich durch die Zeitungen. Am Tage nach der Einweihung der Brücke griff ich begierig zum ›Vestnik‹, dem Lokalblättchen, und suchte dort etwas über meine Person. Lange überflog ich alle vier Seiten und endlich – da war es! Hurra! Ich begann zu lesen: ›Gestern fand bei schönstem Wetter unter überwältigender Beteiligung des Volkes, in Anwesenheit seiner Exzellenz, des Herrn Gouvernementsvorstehers Soundso, und der übrigen Behörden die Einweihung der neugebauten Brücke statt und so weiter.‹ Zum Schluß hieß es: ›Unter anderem wohnte der Einweihung auch eine strahlende Schönheit bei, unsere bekannte Schauspielerin Soundso, der Liebling des Publikums von K. Ihr Erscheinen war selbstverständlich eine Sensation. Der Star war folgendermaßen gekleidet und so weiter.‹ Wenn wenigstens ein Wort über mich dort gestanden hätte! Nur ein einziges Wörtchen! Sie mögen mich für kleinlich halten, aber glauben Sie mir, ich habe damals vor Wut geheult!

Ich beruhigte mich, indem ich mir sagte, die Provinzler sind eben dumm, man kann von ihnen nichts anderes erwarten. Will man bekannt werden, so muß man sich in die geistigen Zentren begeben, in die Hauptstädte. Es traf sich nun, daß just zu dieser Zeit in Petersburg eine kleine Arbeit von mir lag, die ich zu einem Preisausschreiben eingereicht hatte. Der Tag der Preisverteilung war gekommen.

Ich nahm Abschied von K. und fuhr nach Petersburg. Diese Reise ist lang, und um mir die Zeit zu vertreiben, hatte ich mir ein separates Coupé bestellt, na ... und die kleine Sängerin nahm ich natürlich mit. Wir fuhren also los, und die ganze Fahrt über aßen wir, tranken Champagner und – tralala! So kamen wir denn im geistigen Zentrum an. Genau am Tage meiner Ankunft fand auch die Preisverteilung statt, und, mein Herr, mir wurde die Genugtuung zuteil, als Sieger hervorzugehen: Meine Arbeit wurde mit dem ersten Preis ausgezeichnet. Hurra! Am nächsten Tag ging ich auf den Nevskij Prospekt und kaufte mir für sieben Rubel diverse Zeitungen. Dann eilte ich zurück ins Hotel, legte mich aufs Sofa und schnell, schnell gelesen! Nur mit Mühe unterdrückte ich das Zittern, das mich befiel. Ich überfliege die erste Zeitung – nichts! Die zweite Zeitung – mein Gott, auch nichts! Endlich, in der vierten springt mir folgende Meldung in die Augen: ›Gestern ist mit dem Kurierzug die bekannte Provinzschauspielerin Soundso in Petersburg eingetroffen. Mit Befriedigung dürfen wir feststellen, daß das südliche Klima unserer Berühmtheit gut bekommen ist; ihre schöne Bühnenfigur ...‹ Ich weiß nicht mehr, wie es weiterging! Viel weiter unten stand in ganz kleiner Schrift: ›Gestern wurde der Ingenieur Soundso in dem und dem Preisausschreiben mit dem ersten Preis ausgezeichnet.‹ Mehr nicht! Und obendrein war noch mein Name verdruckt: statt Krikunov stand dort Kirkunov. Da haben Sie das geistige Zentrum. Aber das ist noch nicht alles ... Als ich einen Monat später aus Petersburg abreiste, überstürzten sich alle Zeitungen mit Notizen über ›unsere unvergleichliche, himmlische, hochtalentierte ...‹, und sie nannten meine Geliebte schon nicht mehr bei ihrem Familiennamen, sondern bei ihrem Vor- und Vatersnamen ...

Einige Jahre darauf hielt ich mich in Moskau auf. Ein eigenhändig geschriebener Brief des Stadtoberhauptes hatte mich dorthin berufen, wegen einer Angelegenheit, über die ganz Moskau mitsamt seinen Zeitungen schon mehr als hundert Jahre krakeelt. Neben meiner Arbeit hielt ich dort in einem Museum zu wohltätigen Zwecken fünf Vorlesungen. Das sollte doch wohl genügen, um in einer Stadt wenigstens für drei Tage bekannt zu werden, nicht wahr? Aber o weh! Keine einzige Moskauer Zeitung verlor über mich auch nur ein Sterbenswörtchen. Über Feuersbrünste, Operetten, schlafende Stadtverordnete, betrunkene Kaufleute – jede Menge, über meine Arbeit jedoch, über das Projekt, über die Vorlesungen – nicht eine einzige Silbe. Und dann die lieben Moskauer! Ich fuhr mit der Pferdebahn ... Der Wagen war gerammelt voll: Damen, Militärs, Studenten, Kursteilnehmerinnen – von jederlei Art ein Paar.

›Die Duma soll wegen der und der Sache einen Ingenieur nach hier berufen haben!‹ sagte ich zu meinem Nachbarn, und zwar so laut, daß alle Fahrgäste es hören mußten. ›Wissen Sie, wie dieser Ingenieur heißt?‹

Mein Nachbar schüttelte verneinend den Kopf. Die übrigen Fahrgäste schauten mich flüchtig an, ihre Blicke sagten: ›Unbekannt.‹

›Irgendwer soll in dem und dem Museum Vorlesungen halten!‹ Ich ließ nicht locker, denn ich wollte ein Gespräch beginnen. ›Sie sollen interessant sein.‹

Niemand nickte auch nur mit dem Kopf. Offensichtlich hatten die meisten nichts von den Vorlesungen gehört, die Damen kannten nicht einmal das Museum. Das alles wäre nicht so schlimm gewesen, aber was glauben Sie wohl, mein Herr, plötzlich springen die

Fahrgäste auf und stürzen zum Fenster. Was ist los? Was gibt es?

›Schauen Sie doch, schauen Sie doch!‹ Mein Nachbar stieß mich an. ›Sehen Sie den brünetten Mann, der dort in die Kutsche steigt? Das ist der bekannte Schnelläufer King!‹

Und im ganzen Wagen erhob sich ein wildes Palaver über die Schnelläufer, die damals ganz Moskau in Atem hielten.

Ich könnte Ihnen noch zahlreiche andere Beispiele anführen, aber ich denke, es reicht. Nehmen wir nun einmal an, daß ich mich, was meine Person betrifft, täusche, daß ich ein Aufschneider und eine Niete bin; aber ich könnte außer mir noch eine große Zahl von Zeitgenossen nennen, Menschen, die ein überdurchschnittliches Talent und außerordentlichen Fleiß besaßen, aber bis zum Tod unbekannt blieben. Alle diese russischen Seefahrer, Chemiker, Physiker, Maschinenbauer, Landwirte – sind sie etwa populär geworden? Weiß die Masse unserer Gebildeten etwas von den russischen Künstlern, Bildhauern, Literaten? So mancher alte Lastesel der Literatur, dessen Fleiß und Talent außer Zweifel steht, tritt dreiunddreißig Jahre die Schwellen der Redaktionsstuben ab, schreibt weiß der Teufel wieviel Papier voll, muß an die zwanzig Prozesse wegen Diffamierung durchstehen und kommt trotzdem keinen Schritt über seinen Ameisenhügel hinaus! Nennen Sie mir eine einzige Koryphäe unserer Literatur, die bekannt geworden wäre, ehe sie nicht den traurigen Ruhm erworben hätte, im Duell gefallen, verrückt geworden, in die Verbannung geschickt oder der Falschspielerei überführt worden zu sein!«

Der Reisende erster Klasse geriet so in Wallung, daß ihm die Zigarre aus dem Mund fiel und er sie wieder aufheben mußte.

»Jaja«, fuhr er grimmig fort, »und im Gegensatz dazu kann ich Ihnen Hunderte von Sängerinnen, Akrobaten und Clowns aller Art nennen, die sogar den Säuglingen schon bekannt sind. Jaja!«

Die Tür quietschte, Zugluft fegte herein, und eine mürrisch aussehende Person im Havelock, mit Zylinder und blauer Brille betrat den Wagen. Die Person schaute sich nach einem Platz um, runzelte die Stirn und ging weiter.

»Wissen Sie, wer das war?« flüsterte schüchtern irgendwer in der äußersten Ecke des Wagens. »Das war N. N., der bekannte Falschspieler aus Tula, der in Sachen der Y-schen Bank vor Gericht gestanden hat.«

»Da haben Sie's!« sagte lachend der Reisende erster Klasse. »Der Falschspieler aus Tula ist ihm bekannt, fragen Sie ihn aber mal, ob er Semiradskij, Čajkovskij oder den Philosophen Solovjév kennt, da wird er Sie nur erstaunt anblicken ... Eine Schweinerei ist das!«

Drei Minuten herrschte Schweigen.

»Gestatten Sie mir meinerseits eine Frage«, sagte verlegen hüstelnd sein Visavis; »ist Ihnen der Name Puškov bekannt?«

»Puškov? Hm ... ! Puškov ... Nein, kenn ich nicht!«

»Das ist mein Name ...«, sagte das Visavis verlegen. »Sie kennen ihn also nicht? Ich bin schon dreißig Jahre Professor an einer russischen Universität ... Mitglied der Akademie der Wissenschaften ... habe einiges publiziert ...«

Der Reisende erster Klasse und sein Visavis schauten sich an und begannen laut zu lachen.

MAX FRISCH

Hoch über dem Meer

Portofino Monte

Hoch über dem Meer! Sein Horizont ist mit uns gestiegen, höher und höher, und nur die Buchten sind unten geblieben. Das Meer, wenn man in die Buchten hinunterschaut, erscheint finster wie die Nacht. Ein Netz von silbernen Wellen darüber. Wie glitzernder Brokat liegen sie unter der Sonne, lautlos, und nur die Brandung verrät, daß sie einen Lauf haben; der weiße Gischt an den Felsen.

Glück als das lichterlohe Bewußtsein: Diesen Anblick wirst du niemals vergessen. Was aber erleben wir jetzt, solange er da ist? Wir freuen uns auf eine Reise, vielleicht jahrelang, und an Ort und Stelle besteht die Freude größtenteils darin, daß man sich um eine Erinnerung reicher weiß. Eine gewisse Enttäuschung nicht über die Landschaft, aber über das menschliche Herz. Der Anblick ist da, das Erlebnis noch nicht. Man gleicht einem Film, der belichtet wird; entwickeln wird es die Erinnerung. Man fragt sich manchmal, inwiefern eine Gegenwart überhaupt erlebbar ist. Könnte man unser Erleben darstellen, und zwar ohne unser Vorurteil, beispielsweise als Kurve, so würde sie sich jedenfalls nicht decken mit der Kurve der Ereignisse; eher wäre es eine Welle, die jener anderen verwandt ist, die ihr vorausläuft und wieder als Echo folgt; nicht die Ereignisse würden sich darstellen, sondern die Anlässe der Ahnung, die Anlässe der Erinnerung. Die Gegenwart bleibt irgendwie unwirklich, ein Nichts zwischen Ahnung und Erinnerung, welche die eigentlichen Räume unseres Erlebens sind; die Gegenwart als bloßer Durchgang; die bekannte Leere, die man sich ungern zugibt.

»Gehe fort, damit ich bei dir sei!«

Einer Landschaft gegenüber gestehen wir es noch am ehesten. Man ist nie da, wo man ist, und dennoch kann es nicht gleichgültig sein, wo man ist; der Ort, wo man ist, gibt den Angelpunkt, damit wir die Ferne in unser Erleben heben können.

GUY DE MAUPASSANT

Das Menuett

Große Unglücksfälle berühren mich kaum, sagte Jean Bridelle, ein alter Junggeselle, der als Skeptiker galt. Ich habe den Krieg hautnah erlebt, ich bin ungerührt über Leichen hinweggesprungen. Die schlimmsten Grausamkeiten der Natur oder der Menschen vermögen uns Schreie des Entsetzens oder der Empörung zu entlocken, doch lösen sie nicht dieses Stechen in der Herzgegend aus, diesen Schauer, der uns beim Anblick von bestimmten herzzerreißenden kleinen Dingen den Rücken hinunterläuft.

Der heftigste Schmerz, den man erleben kann, ist sicher für eine Mutter der Verlust ihres Kindes und für jeden Menschen der Verlust der Mutter. Das ist übermächtig, schrecklich, niederschmetternd und herzzerreißend; doch man genest von solchen Katastrophen wie von großen, blutenden Wunden. Dagegen gibt es bestimmte Begegnungen, bestimmte halb wahrgenommene Dinge, die man nur errät, manchen geheimen Kummer, manche Treulosigkeit des Schicksals, die in uns eine ganze schmerzvolle Welt von Gedanken aufrühren, die uns plötzlich die geheimnisvollen Tore zu verwickelten und unheilbaren seelischen Leiden auftun, die um so tiefer sind, je geringfügiger sie erscheinen, um so stechender, als sie fast ungreifbar erscheinen, um so hartnäckiger, als sie wie aufgesetzt erscheinen; sie lassen in unseren Herzen etwas wie eine Strähne von Traurigkeit zurück, einen Geschmack von Bitterkeit, ein Gefühl der Ernüchterung, wovon wir uns lange nicht befreien können.

Ich habe immer zwei oder drei Dinge vor Augen, die ein anderer gewiß nicht wahrgenommen hätte, und die mich wie tief sitzende kleine, unheilbare Stiche getroffen haben.

Sie begreifen vielleicht kaum die Erschütterung, die mir von solchen raschen Eindrücken geblieben ist. Ich werde Ihnen nur von einer einzigen Begebenheit erzählen. Sie liegt weit zurück, ist aber so lebendig in mir, als wäre ich gestern ihr Zeuge gewesen. Es mag sein, daß meine Phantasie allein diese Rührung in mir ausgelöst hat.

Ich bin nun fünfzig Jahre alt. Damals war ich jung und studierte die Rechtswissenschaft. Ein wenig traurig und allerlei Träumereien zugewandt, geprägt von einer Philosophie des Weltschmerzes, hatte ich eine Abneigung gegen lärmende Cafés, gegen die lauten Kameraden, die einfältigen Mädchen. Ich stand früh auf, und eine meiner großen Vorlieben war es, mich allein gegen acht Uhr morgens in dem Baumschulwäldchen des Luxembourg zu ergehen.

Haben Sie anderen nicht die Entdeckung dieses Baumschulwäldchens gemacht? Es glich einem vergessenen Garten aus einem anderen Jahrhundert, einem Garten, so anmutig wie das milde Lächeln einer alten Dame. Dichte Hecken säumten die schmalen und ebenmäßigen Alleen, ruhige Alleen zwischen zwei Wänden aus kunstvoll geschnittenem Blattwerk. Unermüdlich hielten die großen Scheren des Gärtners diese Wände aus Gezweig in geraden Linien; und hier und dort traf man auf Blumenbeete; auf Rabatten mit kleinen Bäumen, die aufgereiht waren wie Schüler beim Spaziergang, auf ganze Gesellschaften von prächtigen Rosenstöcken oder wahre Regimenter von Obstbäumen.

Eine ganze Ecke dieses bezaubernden Wäldchens war von Bienen bevölkert. Ihre Strohhäuser, geschickt auf Brettern angebracht, öffneten der Sonne ihre Tore, die ungefähr so groß waren wie die Öffnung eines Fingerhutes; und auf allen Wegen begegnete man den summenden, goldenen, geflügelten Tierchen, den wahren Herren dieses friedlichen Ortes, den eigentlichen Spaziergängern in diesen ruhigen Fluchten der Alleen.

Nahezu jeden Morgen begab ich mich dorthin. Ich setzte mich auf eine Bank und las. Bisweilen ließ ich das Buch auf meine Knie sinken um zu träumen, um ringsumher dem Leben von Paris zu lauschen und die unendliche Ruhe dieser Laubengänge alter Art zu genießen.

Doch es währte nicht lange, so entdeckte ich, daß ich nicht der einzige war, der diesen Platz besuchte, sobald die Eingangstore geöffnet wurden; ich befand mich des öfteren Auge in Auge mit einem seltsamen kleinen Greis.

Er trug Schuhe mit Silberschnallen, eine Hose mit

Latz, einen tabakbraunen spanischen Gehrock, ein Spitzenbäffchen als Krawatte und einen unvorstellbar vorsintflutlichen grauen Hut mit breiter Krempe und langem Filzhaar. Er war mager, sehr mager, knochig, schnitt Grimassen, grinste. Seine lebhaften Augen flackerten, irrten hinter den ständig klappernden Augenlidern hin und her, und er hielt stets einen prächtigen Stock mit goldenem Knauf in der Hand, der für ihn irgendeine kostbare Erinnerung darstellen mußte.

Zunächst erstaunte mich der gute Mann, dann aber weckte er mein höchstes Interesse. Ich beobachtete ihn durch die grünen Wände hindurch, ich folgte ihm von weitem, blieb an den Seitenwegen des Wäldchens stehen, um nicht gesehen zu werden.

Eines Morgens, als er sich ganz allein glaubte, begann er, eigentümliche Bewegungen zu machen: zunächst einige kleine Sprünge, dann eine Verbeugung; dann schlug er in einem noch recht lebendigen Luftsprung die dünnen Beinchen aneinander, dann begann er sich graziös zu drehen, hüpfend, lebhaft hin und her zu springen, wobei er lächelte, als stünde er vor einem großen Publikum; er machte Reverenzen, rundete die Arme, er wand seinen armen Körper gleich einer Marionette, sandte rührende und lächerliche Grüße ins Leere. Er tanzte! Ich verharrte starr vor Staunen und fragte mich, wer hier wohl verrückt war, er oder ich.

Doch plötzlich hielt er inne, trat vor wie ein Schauspieler auf der Bühne, verneigte sich alsdann, trat mit anmutigem Lächeln und Handküßchen, die er mit zitternder Hand den zwei gestrebten Baumreihen zuwarf, zurück.

Dann setzte er würdevoll seinen Spaziergang fort.

Von diesem Tag an verlor ich ihn nicht mehr aus den Augen; und er wiederholte jeden Morgen seine unvorstellbare Darbietung.

Da packte mich eine tolle Lust, ihn anzureden. Ich wagte mich heran, grüßte ihn und sagte: »Es ist schön heute, mein Herr.«

Er verbeugte sich: »In der Tat, Monsieur, es ist wahrlich so schönes Wetter wie früher.«

Acht Tage später waren wir Freunde, und ich kannte seine Lebensgeschichte.

Er war Ballettmeister an der Oper zur Zeit Ludwigs XV. gewesen. Sein schöner Stock war ein Geschenk des Grafen von Clermont. Und wenn man mit ihm vom Tanzen sprach, wollte er gar nicht mehr aufhören zu erzählen.

So vertraute er mir eines Tages an: »Ich habe die Castris geheiratet, mein Herr. Ich werde Sie ihr vorstellen, wenn es beliebt, doch wird es noch ein Weilchen dauern, bis sie kommt. Dieser Garten, wissen Sie, ist unsere Freude und unser Leben. Er ist alles, was uns von einst geblieben ist. Es scheint uns, als ob wir nicht mehr leben könnten, wenn wir ihn nicht mehr hätten. Er ist alt und vornehm, nicht wahr? Ich vermeine, hier eine Luft zu atmen, die von meiner Jugend an gleich geblieben ist. Meine Frau und ich, wir verbringen hier jeden Nachmittag. Doch ich komme schon am Morgen hierher, da ich zeitig aufstehe.«

Sobald ich das Mittagessen beendet hatte, kehrte ich zurück zum Luxembourg und gewahrte alsbald meinen Freund, der einem alten Frauchen in Schwarz feierlich den Arm reichte. Ich wurde ihr vorgestellt, ihr, der Castris, der großen Tänzerin, die die Liebe der Fürsten war, des Königs, ja, des ganzen galanten Jahrhunderts, dessen Liebeshauch noch jetzt zu spüren ist.

Wir ließen uns auf einer Steinbank nieder. Es war im Monat Mai. Der Duft von Blumen schwebte über den reinlichen Alleen; warmer Sonnenschein bahnte sich den Weg durch das Blattwerk und streute seinen Glanz gleich großen Tupfen über uns aus. Das schwarze Gewand der Castris schien lichtdurchtränkt.

Der Garten war leer. In der Ferne hörte man die Fiaker rollen. »Erklären Sie mir doch einmal«, sagte ich zu dem alten Tänzer, »was ein Menuett ist.«

Er erbebte.

»Das Menuett, Monsieur, ist die Königin der Tänze und der Tanz der Königinnen, verstehen Sie? Seit es keine Könige mehr gibt, gibt es kein Menuett mehr.«

Und er begann in blumenreichem Stil ein langes, schwungvolles Loblied, das mir unverständlich blieb. Ich wollte mir die Schritte beschreiben lassen, alle Bewegungen, alle Figuren.

Er verlor den Faden, verzweifelte über seine Unfähigkeit, war gereizt und unglücklich.

Und plötzlich wandte er sich zu seiner uralten Gefährtin, die noch immer schweigsam und ernst verharrte: »Elise, möchtest du, sag, möchtest du, es wäre ganz reizend von dir, möchtest du, daß wir Monsieur vorführen, was es einmal war?«

Sie schaute mit unruhigen Augen nach allen Seiten, erhob sich dann, ohne ein Wort zu sagen, und stellte sich vor ihm auf.

Dann sah ich eine unvergeßliche Darbietung.

Sie kamen und gingen mit einem kindlichen Gebaren, lächelten einander zu, wiegten sich hin und her, verbeugten sich, hüpften wie zwei greise Puppen, deren Bewegungen nach einer uralten Mechanik abliefen, die schon ein wenig defekt war, aber ehedem von einem ungemein geschickten Künstler nach Art der Zeit gefertigt worden war.

Ich sah ihnen zu, und mein Herz wurde von außergewöhnlichen Empfindungen bewegt, meine Seele von unsäglicher Trauer angerührt. Es kam mir vor, als ob ich einem beklagenswerten und zugleich komischen Schauspiel zusähe, dem erloschenen Schatten eines Jahrhunderts.

Plötzlich hielten sie inne, sie hatten alle Figuren getanzt. Einige Sekunden lang verharrten sie aufrecht, einer dem anderen zugewandt, mit seltsam verzerrten Gesichtern; dann umarmten sie einander schluchzend.

Drei Tage später reiste ich ab aufs Land. Ich habe sie nicht wieder gesehen. Als ich zwei Jahre später nach Paris zurückkam, fand ich das Baumschulwäldchen zerstört. Was ist nur aus ihnen geworden, ohne ihren geliebten Garten von einst, mit seinen labyrinthischen Ecken, seinem Duft von Vergangenheit, seinen bezaubernden Laubengängen?

Sind sie tot? Irren sie gleich Verbannten ohne Hoffnung durch die modernen Straßen? Tanzen sie im Mondschein gleich gebrechlichen Gespenstern zwischen den Zypressen eines Friedhofs ein phantastisches Menuett entlang den grabgesäumten Pfaden?

Die Erinnerung an sie verfolgt mich, plagt mich, peinigt mich, steckt in mir fest wie eine tiefe Wunde. Warum? Ich weiß es nicht. Sie finden dies zweifelsohne lächerlich, oder?

GIANNI RODARI
Am Strand von Ostia

Wenige Kilometer von Rom entfernt liegt der Strand von Ostia, und dorthin fahren die Römer im Sommer zu Tausenden und Abertausenden, und am ganzen Strand bleibt nicht einmal so viel Platz frei, daß man mit einer Kinderschaufel ein Loch graben könnte. Und wer als letzter kommt, weiß nicht, wo er seinen Sonnenschirm aufpflanzen soll.

Eines Tages tauchte am Strand von Ostia ein bizarrer, wirklich witziger Herr auf. Er kam als letzter, hatte seinen Sonnenschirm unter dem Arm und fand keinen Platz, wo er ihn hätte aufpflanzen können. Da öffnete er ihn, rückte am Stock etwas zurecht, und sofort erhob sich der Schirm in die Lüfte, und über Tausende und Abertausende von Sonnenschirmen hinweg gelangte er ans Meer und pflanzte sich direkt davor auf, aber zwei oder drei Meter über den Spitzen der anderen Sonnenschirme. Der witzige Herr nahm seinen Liegestuhl auseinander, und auch der blieb in der Luft stehen; er legte sich in den Schatten seines Sonnenschirmes, zog ein Buch aus der Tasche und begann in der vor Jod und Salz prikkelnden Meeresluft zu lesen.

Anfangs merkten die Leute nicht einmal etwas. Sie lagen oder saßen unter ihren Sonnenschirmen, versuchten zwischen den Köpfen ihrer Vordermänner ein Stück Meer zu sehen oder lösten Kreuzworträtsel, und niemand schaute in die Luft. Aber auf einmal hörte eine Dame etwas auf ihren Sonnenschirm fallen, dachte, es wäre ein Ball, trat heraus, um die Kinder zu schimpfen, schaute um sich und in die Luft, und da sah sie den witzigen Herrn über ihrem Kopf schweben. Der Herr schaute hinunter und sagte zu der Dame:

»Entschuldigen Sie, mir ist mein Buch hinuntergefallen. Könnten Sie es mir bitte wieder heraufwerfen?«

Die Dame fiel vor Überraschung rücklings in den Sand, und da sie sehr dick war, kam sie nicht mehr hoch. Ihre Verwandten eilten ihr zu Hilfe, und die Dame zeigte, ohne ein Wort zu sagen, mit dem Finger auf den fliegenden Sonnenschirm.

»Ach bitte«, sagte der witzige Herr noch einmal, »könnten Sie mir mein Buch wieder heraufwerfen?«

»Aber sehen Sie denn nicht, wie Sie unsere Tante erschreckt haben?«

»Das tut mir sehr leid, aber das war wirklich nicht meine Absicht.«

»Dann kommen Sie herunter, das ist ja verboten.«

»Keineswegs, am Strand war kein Platz mehr, da habe ich mich hier niedergelassen. Ich zahle auch meine Steuern, wissen Sie?«

Einer nach dem anderen beschlossen dann alle Römer, die am Strand waren, in die Luft zu schauen, lachend zeigten sie einander den bizarren Badegast.

»Siehst du den?« sagten sie. »Der hat einen Sonnenschirm mit Düse.«

»Heh, du da oben, Gagarin«, riefen sie hinauf, »laß mich auch mit rauf!«

Ein kleiner Junge warf ihm das Buch hinauf, und der Herr blätterte nervös, um die Seiten wiederzufinden, und dann las er schnaubend weiter. Allmählich ließen sie ihn in Ruhe. Nur die Kinder schauten ab und zu neiderfüllt in die Luft, und die mutigsten riefen:

»Sie, Herr!«

»Was wollt ihr denn?«

»Warum zeigen Sie uns nicht, wie das geht, so in der Luft zu schweben?«

Doch der Herr schnaubte unwirsch und las wieder weiter. Bei Sonnenuntergang flog sein Schirm mit einem leichten Zischen davon, der witzige Herr landete auf der Straße neben seinem Motorrad, er schwang sich auf den Sattel und fuhr davon. Wer weiß, wer das war und wo er seinen Sonnenschirm gekauft hatte.

WALERIJ BRJUSSOW

Für mich selbst oder für eine andere?

I

»Sie ist es! Aber, natürlich, sie ist es!« sprach Pjotr Andrejewitsch Basmanow zu sich selbst, als zum fünften oder sechsten Mal die Dame, die seine Aufmerksamkeit auf sich gezogen hatte, an seinem Tisch vorbeiging.

Er zweifelte nicht mehr daran, daß es Jelisaweta war. Gewiß, sie hatten sich schon an die zwölf Jahre nicht mehr gesehen, und in dieser Zeit mußte sich das Gesicht einer Frau verändern. Ihre Züge, früher fein und scharf, hatten sich ein wenig gefüllt, ihr Blick, früher kindlich-zutraulich, war kalt und streng geworden, in ihrem ganzen Gesichtsausdruck zeigte sich eine Selbstsicherheit, die früher nicht dagewesen war. Aber waren es nicht jene Augen, die Basmanow so gerne mit den St. Elms-Feuern verglichen hatte, war es nicht jenes Gesichtsoval, das allein durch die Reinheit seiner Konturen jegliche Unruhe zu besänftigen vermochte, waren es nicht jene kleinen Ohren, die sich so süß küssen ließen! Es war Jelisaweta, weil es keine zwei Frauen geben kann, die einander so gleichen, wie sich zwei Abbilder gleichen in zwei nebeneinanderstehenden Spiegeln!

Schnell ließ Basmanow in seinem Geist die Geschichte seiner Liebe zu Jelisaweta vorbeiziehen. Ach, es war nicht das erste Mal, daß er eine solche Rückschau hielt, denn in all seinen Erinnerungen gab es nichts Wertvolleres, Heiligeres als diese Liebe. Als junger, in das Leben hinaustretender Rechtsanwalt war er dieser Frau begegnet, die etwas älter war als er und ihn geliebt hatte mit der ganzen Blindheit der Leidenschaft, wahnsinnig, rasend, grenzenlos. In diese Liebe hatte Jelisaweta ihre ganze Seele gelegt, und alles in der Welt war ihr einerlei geworden, außer: ihren Geliebten zu besitzen, sich ihm hinzugeben, ihn zu verehren. Jelisaweta war bereit gewesen, sich über alle Konventionen ihrer »vornehmen Welt« hinwegzusetzen, und hatte ihn um die Erlaubnis beschworen, ihren Mann zu verlassen und zu ihm zu kommen; in der Gesellschaft hatte sie sich ihrer Beziehung, die natürlich bemerkt worden war, keineswegs geschämt, sondern schien eher auf sie stolz gewesen zu sein. Niemals später war Basmanow einer so selbstvergessenen, so opferbereiten Liebe begegnet, und er war sich vollkommen sicher, wenn er damals von Jelisaweta verlangt hätte, sie solle sterben, so hätte sie sein Geheiß mit stiller, ergebener Begeisterung erfüllt.

Doch was hatte er, Basmanow, aus dieser Liebe, die uns nur einmal im Leben widerfährt, gemacht? Er war vor ihr zurückgeschreckt, zurückgeschreckt vor ihrer gewaltigen Größe und Kraft. Er hatte begriffen, daß dort, wo grenzenlose Opfer erbracht werden, unweigerlich auch kühne Forderungen entstehen. Er hatte nicht gewagt, diese Liebe anzunehmen, denn auch er hätte seinerseits etwas geben müssen; er aber hatte sich seelisch arm gefühlt. Auch hatte er nicht gewagt, diese Liebe anzunehmen, um nicht seine Karriere zu gefährden, die damals recht erfolgreich begonnen hatte ... Wie ein Dieb hatte sich Basmanow ein halbes Jahr Liebe erschlichen, die ihm nicht zuteil geworden wäre, wenn er sogleich sein wahres Antlitz gezeigt hätte, und er hatte dann den ersten Zwist als Vorwand benutzt, um die »Beziehung abzubrechen«.

Ach, jetzt noch schämte er sich der Erinnerung an die letzten Zusammenkünfte vor der Trennung. Jelisaweta, geblendet von ihrer Liebe, hatte nichts verstanden, sie hatte nicht bemerkt, daß der, den sie liebte, zu nichtig war, um sich vor ihm zu erniedrigen, und sie hatte ihn auf Knien beschworen, sie nicht zu verlassen. Er erinnerte sich, wie sie schluchzend seine Beine umschlungen hatte, ihm auf dem Boden nachgekrochen war und in der Verzweiflung den Kopf gegen die Wände geschlagen hatte. Später erfuhr er, daß Jelisaweta, nachdem er sie verlassen hatte, vor Kummer fast wahnsinnig geworden war, daß sie eine Zeitlang ins Kloster gehen wollte, daß sie danach Witwe geworden und ins Ausland gefahren war. Hier hatte Basmanow Jelisawetas Spuren verloren.

War es möglich, daß er ihr jetzt, zwölf Jahre nach ihrer Trennung, hier in Interlaken als einer ruhigen, strengen Frau wiederbegegnete, die noch immer wunderschön und für ihn durch die quälend-süßen Erinnerungen an Vergangenes unerklärlich bezaubernd war? Basmanow beobachtete, am Tisch des Cafés sitzend, wie an ihm die schlanke Dame mit einem großen Pariser Hut vorbeiging, und sein ganzes Wesen entbrannte qualvoll durch die Bilder und Gefühle, die in der Erinnerung seines Geistes und seines Körpers emporstiegen. Sie war es, sie, Jelisaweta, von der er sich nicht so hatte lieben lassen wollen, wie sie es erwartet hatte, und die er selbst nicht so zu lieben gewagt hatte, wie er es vermocht und gewünscht hätte! Sie war es, die bessere Hälfte seines schon fast durchlebten Lebens, sie war wiedererstanden und sie lebte – sie, die die Möglichkeit verkörperte, das wiederauferstehen zu lassen, was gewesen war, die Möglichkeit, ihn zu ergänzen, ihn zu bessern.

Ungeachtet seiner ganzen Selbstbeherrschung schwindelte Basmanow der Kopf. Er bezahlte für das Eis, erhob sich und ging auf die gleiche Allee hinaus, auf der auch die schlanke Dame promenierte.

II

Als sich Basmanow und die schlanke Dame begegneten, nahm er respektvoll seinen Hut ab und verbeugte sich. Die Dame schaute ihn so an, wie man auf Unbekannte blickt. Basmanow fragte auf Russisch:

»Erkennen Sie mich etwa nicht wieder, Jelisaweta Wassiljewna?«

Nach kurzem Bedenken antwortete die Dame, ebenfalls auf Russisch, wenngleich mit leichtem Akzent:

»Verzeihen Sie, aber wahrscheinlich irren Sie sich: Wir kennen uns nicht.«

»Jelisaweta Wassiljewna!« rief Basmanow, von einer solchen Antwort empfindlich verletzt. »Sie müssen mich doch wiedererkennen! Ich bin Pjotr Andrejewitsch Basmanow.«

»Diesen Namen höre ich zum ersten Mal«, sagte die Dame, »und Sie sind mir völlig unbekannt.«

Einige Augenblicke lang betrachtete Basmanow die Dame, die zu ihm sprach, und er fragte sich, ob er sich nicht geirrt habe. Aber die Ähnlichkeit war in einem solchen Grade unbezweifelbar, und er erkannte Jelisaweta mit einer solchen Bestimmtheit wieder, daß er sich der Dame mit dem großen Pariser Hut in den Weg stellte und beharrlich wiederholte:

»Ich habe Sie erkannt, Jelisaweta Wassiljewna! Ich verstehe, daß Sie Gründe haben mögen, Ihren wahren Namen zu verbergen. Ich verstehe, daß Sie eine Begegnung mit einem früheren Bekannten möglicherweise nicht wünschen. Aber auch Sie müssen verstehen, daß es für mich unerläßlich ist, Ihnen einige Worte zu sagen! Seit wir uns getrennt haben, habe ich viel durchgemacht! Ich muß mich vor Ihnen entschuldigen! Ich möchte nicht, daß Sie mich verachten!«

Basmanow war sich selbst nicht ganz im klaren darüber, was er da sprach. Er wollte einzig und allein, daß sie zugab, Jelisaweta zu sein. Er fürchtete, sie könnte fortgehen, nicht mehr wiederkommen, nun für immer verschwinden, und er fürchtete, daß diese Begegnung sich als Traumerscheinung herausstellen würde.

Die Dame ging ruhig um Basmanow herum und warf ihm einige Worte auf Französisch zu:

»Monsieur, laissez-moi passer s'il vous plaît! Je ne vous connais pas.«

Die Dame zeigte keinerlei Unruhe, und ihr Gesicht blieb bei Basmanows Worten völlig unverändert. Dennoch wollte er nicht von ihr ablassen, sondern folgte ihr nach und sagte:

»Jelisaweta! Verfluche mich, nenne mich den letzten Halunken, sage mir, daß du mich nicht mehr kennen willst – ich werde alles mit gebührender Demut ertragen. Doch erwecke nicht den Anschein, als ob du mich nicht kenntest, das zu ertragen, habe ich nicht die Kraft! So kränken darfst du mich nicht, du darfst es nicht tun!«

»Ich versichere Ihnen«, sagte die Dame mit bereits strengerer Stimme, »daß Sie mich für eine andere halten. Sie nennen mich Jelisaweta Wassiljewna, ich aber heiße anders. Ich bin Jekaterina Wladimirowna Sadikowa, mein Mädchenname ist Armand. Genügen Ihnen diese Angaben, und würden Sie mir wieder gestatten, so zu promenieren, wie es mir beliebt?«

»Aber warum«, rief Basmanow, indem er einen letzten Versuch unternahm, »warum lassen Sie so lange meine Zudringlichkeiten über sich ergehen? Wenn ich für Sie ein völlig fremder Mensch wäre, warum befehlen Sie mir nicht, sofort zu schweigen, und warum rufen Sie nicht die Polizei zu Hilfe? Geht man denn etwa so nachsichtig, wie Sie das tun, mit Straßenflegeln um?«

»Ich sehe sehr wohl«, antwortete die Dame, »daß Sie kein Straßenflegel sind und daß Sie sich nichts Unstatthaftes erlauben würden. Sie haben sich lediglich getäuscht, indem Sie sich von meiner Ähnlichkeit mit irgendeiner Ihrer Bekannten in die Irre führen ließen. Das ist kein Verbrechen, und ich habe keinen Grund, die Polizei zu rufen. Aber jetzt ist alles geklärt, leben Sie wohl.«

Basmanow konnte sich nicht entschließen, weiter zu drängen. Er blieb stehen, und die Dame ging langsam vorbei. Aber das ganze Gespräch, der Klang der Stimme dieser unbekannten Dame, ihr Gang – alles das bestärkte Basmanow nur darin, daß sie Jelisaweta war.

Ergriffen, aufgeregt ging er in sein Hotel. Hinter einer kleinen Wiese leuchtete wie eine gigantische Erscheinung der ewige Schnee der Jungfrau. Sie schien ganz nah, doch war sie endlos weit weg. Ebenso wie Jelisaweta, die wiederauferstanden schien und nun wieder in eine unbekannte Ferne fortgegangen war.

Es kostete Basmanow nur geringe Mühe, zu erfahren, wo die Dame, der er begegnet war, wohnte. Nach einigem Zögern schrieb er ihr einen Brief. Er schrieb, daß er augenscheinliche Tatsachen nicht bestreiten wolle; daß er sich offensichtlich geirrt habe, wenn ihm eine unbekannte Dame als alte Bekannte erschienen sei; doch habe ihn diese kurze Begegnung tief erstaunt, und er bitte um Erlaubnis, sie eingedenk der zufälligen Bekanntschaft zu gemeinsamen Spaziergängen begrüßen zu dürfen. Der Brief war in äußerst vorsichtigen und höflichen Ausdrücken abgefaßt. Als sich Basmanow am nächsten Tag mit der Dame, die sich als Sadikowa ausgegeben hatte, auf dem ›Höheweg‹ traf, war sie es, die als erste grüßte und als erste das Gespräch eröffnete. So begann ihre Bekanntschaft.

III

Sadikowa gab durch nichts zu erkennen, daß sie früher Basmanow gekannt habe. Im Gegenteil, sie benahm sich ihm gegenüber so wie gegenüber einem vollkommen unbekannten Menschen. Sie sprachen über verschiedene

Neuigkeiten, vornehmlich aus dem Leben des Kurorts. Das Gespräch mit Sadikowa war interessant und geistreich, sie verriet große Belesenheit. Doch wenn Basmanow versuchte, zu präzisieren, brennenderen Fragen überzuleiten, wich seine Gesprächspartnerin ihnen klug und leicht aus.

Alles überzeugte Basmanow darin, daß er Jelisaweta vor sich hatte. Er erkannte ihre Stimme wieder, ihre geliebten Satzwendungen, er erkannte jenes unfaßbare Etwas wieder, das die Individualität eines Menschen ausmacht, aber nur schwer durch Worte zu bestimmen ist. Basmanow hätte schwören können, daß er recht hatte.

Allerdings, es gab auch kleine Unterschiede, aber waren sie nicht durch die Zeitspanne von zwölf Jahren erklärbar? Gewiß, die Prüfungen des Lebens hatten aus Jelisawetas feuriger Leidenschaftlichkeit eine stählerne Kälte geschmiedet. Gewiß, Jelisaweta hatte durch die vielen Jahre ihres Lebens im Ausland ihre Muttersprache etwas verlernt und sprach mit Akzent. Gewiß waren schließlich auch in der Art ihres Auftretens, in ihren Gesten, in ihrem Lachen neue Züge hervorgetreten, die es früher nicht gegeben hatte ...

Übrigens wurde Basmanow manchmal von Zweifeln ergriffen, und er begann dann in seiner Vorstellung Hunderte von kleinen Besonderheiten zu bemerken, die Jekaterina von Jelisaweta unterschieden. Doch es genügte ihm, von neuem in Sadikowas Gesicht zu blicken, ihre Rede zu hören, daß sich alle Zweifel wie Nebel verflüchtigten. Er fühlte es, er empfand es mit seiner Seele, daß es sie war, die er vorzeiten geliebt hatte!

Selbstverständlich unternahm Basmanow alles, was er nur konnte, um dieses Geheimnis zu enträtseln. Er versuchte Sadikowa mit beiläufigen Fragen zu verunsichern: sie war stets auf der Hut und entwand sich mühelos allen Fallen. Er versuchte Leute aus Sadikowas Umgebung zu befragen: niemand wußte etwas über sie. Er ging so weit, einen Brief an Sadikowa abzufangen: es stellte sich heraus, daß er aus Paris kam und gänzlich aus unpersönlichen französischen Floskeln bestand.

Eines Abends, als Basmanow mit Sadikowa in einem Restaurant auf dem Harder war, ertrug er die ständige Spannung nicht mehr und rief plötzlich aus:

»Warum spielen wir dieses qualvolle Spiel! Du bis Jelisaweta, ich weiß es. Du kannst nicht vergessen haben, wie du mich geliebt hast. Und natürlich kannst du nicht vergessen haben, wie niederträchtig ich dich verlassen habe. Jetzt tue ich aus voller Seele Buße vor dir. Ich verachte mich selbst für meine damalige Tat. Ich schlage dir vor: ergreife für immer Besitz von mir, wenn du mir verzeihen kannst. Doch ich sage das zu Jelisaweta, ihr ergebe ich mich und keiner anderen Frau!«

Sadikowa hörte sich schweigend diesen kleinen Monolog an, der über den Rahmen einer vornehmen Konversation hinausging, und antwortete ruhig:

»Werter Pjotr Andrejewitsch! Wenn Sie sich an mich gewandt hätten, hätte ich Ihnen auf Ihre Worte möglicherweise etwas entgegnet. Doch da Sie ausdrücklich darauf verwiesen haben, daß Sie zu Jelisaweta sprechen, bleibt mir nur das Schweigen.«

In allergrößter Aufregung erhob sich Basmanow und fragte:

»Sie wollen behaupten, Sie sind nicht Jelisaweta Wassiljewna Swiblowa? Wiederholen Sie mir das mit aller Entschiedenheit, und ich gehe fort, verschwinde sofort aus Ihren Augen, verschwinde aus dem Leben. Dann habe ich keinen Grund mehr weiter zu leben.«

Sadikowa lachte liebenswürdig auf und sagte:

»Sie wünschen es sich so sehr, daß ich Jelisaweta bin. Nun gut, dann werde ich Jelisaweta sein.«

IV

Ein zweites Spiel begann, das vielleicht noch grausamer war als das erste. Sadikowa nannte sich Jelisaweta und benahm sich Basmanow gegenüber wie gegenüber einem alten Bekannten. Wenn er von früher sprach, tat sie, als erinnere sie sich an Menschen und Ereignisse. Wenn er, am ganzen Körper zitternd, sie an ihre Liebe zu ihm erinnerte, gab sie lachend zu, ihn geliebt zu haben, doch ließ sie durchblicken, daß mit den Jahren diese Liebe erloschen war, so wie jede Flamme einmal erlischt.

Um gewissenhaft ihre Rolle zu spielen, kam Sadikowa von sich aus auf Ereignisse früherer Zeiten zu sprechen, doch brachte sie dabei die Jahreszahlen durcheinander, verwechselte Namen, erdachte Dinge, die es nicht gegeben hatte. Besonders qualvoll war, daß sie, wenn sie von ihrer Liebe zu Basmanow sprach, diese als eine oberflächliche Begeisterung schilderte, als einen beiläufigen Zeitvertreib einer vornehmen Dame. Das erschien Basmanow als Sakrileg und in diesen Fällen bat er Sadikowa fast unter Stöhnen zu schweigen.

Doch damit nicht genug. Unmerklich, Schritt für Schritt sich vorwärtstastend, brachte Sadikowa Gift in Basmanows allergeheimste Erinnerungen. Mit ihren Andeutungen nahm sie all den wunderschönen Tatsachen der Vergangenheit ihren Nimbus. Sie gab zu verstehen, daß vieles von dem, was Basmanow für eine Äußerung ihrer selbstvergessenen Liebe gehalten hatte, nur Verstellung und Spiel gewesen war.

»Jelisaweta!« fragte Basmanow einmal. »Wie kann ich dir glauben, daß deine wahnsinnigen Schwüre, dein Schluchzen, deine Verzweiflung, als du dich ganz außer dir auf den Boden warfst – daß das alles nur Verstellung war? So vermag die beste dramatische Schauspielerin nicht zu spielen! Du verleugnest dich selbst!«

Sadikowa antwortete in Jelisawetas Namen, so wie sie es in letzter Zeit immer tat, und sagte mit einem Lächeln:

»Wie soll man entscheiden, wo die Verstellung endet und die Aufrichtigkeit beginnt? Ich wollte damals stark empfinden, und so erlaubte ich es mir, den Anschein zu erwecken, ich sei verzweifelt und wahnsinnig. Wenn an deiner Stelle nicht du, sondern irgendein anderer gewesen wäre, hätte ich genauso gehandelt. Doch gleichzeitig wäre es mir ein leichtes gewesen, mich zu beherrschen und durchaus nicht zu schluchzen. Im Leben sind wir doch alle Schauspieler, und wir leben nicht so sehr das Leben, als daß wir es darstellen.«

»Das ist nicht wahr«, rief Basmanow aus, »du sagst das nur, weil du nicht weißt, wie Jelisaweta geliebt hat. Sie hätte so etwas nicht gesagt! Du spielst nur ihre Rolle! Du bist nicht sie, du bist Jekaterina.«

Sadikowa lachte auf und sagte in einem anderen Tonfall:

»Wie es Ihnen beliebt, Pjotr Andrejewitsch. Ich habe doch lediglich zu ihrem Vergnügen diese Rolle angenommen. Sie müssen es nur wollen, und ich bin wieder ich selbst, Jekaterina Wladimirowna Sadikowa.«

»Wie soll ich denn wissen, wer du wirklich bist?« zischte Basmanow durch die Zähne.

Es schien ihm allmählich, daß er dabei war, den Verstand zu verlieren. Fiktion und Wirklichkeit flossen für ihn ineinander, sie vermischten sich. Für einige Augenblicke wußte er nicht mehr, wer er selbst war.

Inzwischen hatte sich Sadikowa erhoben, sie schlug ihm einen Spaziergang auf den Rugen vor und begann von neuem, sich in Jelisawetas Namen mit ihm zu unterhalten.

V

Die Tage vergingen. Die Saison in Interlaken näherte sich ihrem Ende. Basmanow, ganz im Bann seiner geheimnisvollen Unbekannten, hatte vergessen, warum er hier war, er vergaß seine Geschäfte, antwortete nicht auf Briefe aus Rußland und führte ein nahezu unsinniges Leben. Einem Wahnsinnigen gleich, dachte er nur an eines: das Geheimnis der Swiblowa-Sadikowa zu enträtseln.

Ob er in diese Frau verliebt war, vermochte er nicht zu sagen. Sie zog ihn an wie ein Abgrund, wie ein Schrecken, wie ein Ort, an dem der Untergang droht. Es hätten Monate und Jahre vergehen können, und er wäre froh gewesen, dieses Duell der Gedanken und Schlagfertigkeiten weiter fortzuführen, diesen geistigen Zweikampf, in dem der eine bestrebt war, sein Geheimnis zu wahren, und der andere alle Kräfte aufbot, um ihm dieses zu entreißen.

Doch plötzlich, in den ersten Oktobertagen, reiste Sadikowa ab. Sie war abgereist, ohne sich von Basmanow verabschiedet und ohne ihn vorher benachrichtigt zu haben. Am nächsten Tag jedoch bekam er mit der Post einen in Bern aufgegebenen Brief:

»Ich werde Sie nicht des Vergnügens berauben, weiter zu raten, wer ich bin«, schrieb Sadikowa. »Die Lösung dieser Frage überlasse ich Ihrem Scharfsinn. Doch wenn Sie der Mutmaßungen müde sind und eine einfachere Lösung wünschen, so will ich sie Ihnen einflüstern. Nehmen Sie einmal an, daß Sie mir völlig unbekannt waren, aber daß ich, als ich aus Ihren aufgeregten Erzählungen erfuhr, wie grausam Sie seinerzeit eine gewisse Jelisaweta behandelt haben, mich entschloß, diese Frau zu rächen. Mir scheint, ich habe erreicht, was ich wollte, und die Rache ist vollzogen: Sie werden niemals diese qualvollen Wochen in Interlaken vergessen. Für wen ich mich rächte, für mich selbst oder für eine andere, ist letztlich einerlei. Leben Sie wohl. Sie werden mich niemals wiedersehen. Jelisaweta-Jekaterina.«

JOHANN PETER HEBEL

Eine sonderbare Wirtszeche

Manchmal gelingt ein mutwilliger Einfall, manchmal kostet's den Rock, oft sogar die Haut dazu. Diesmal aber nur den Rock. Denn obgleich einmal drei lustige Studenten auf einer Reise keinen roten Heller mehr in der Tasche hatten, alles war verjubelt, so gingen sie doch noch einmal in ein Wirtshaus, und dachten, sie wollten sich schon wieder hinaus helfen, und doch nicht wie Schelmen davonschleichen, und es war ihnen gar recht, daß die junge und artige Wirtin ganz allein in der Stube war. Sie aßen und tranken gutes Mutes, und führten miteinander ein gar gelehrtes Gespräch, als wenn die Welt schon viele tausend Jahr alt wäre, und noch ebenso lang stehen würde, und daß in jedem Jahr, an jedem Tag und in jeder Stunde des Jahrs alles wieder so komme und sei, wie es am nämlichen Tag und in der nämlichen Stunde vor sechstausend Jahren auch gewesen sei. »Ja«, sagte endlich einer zur Wirtin – die mit einer Strickerei seitwärts am Fenster saß und aufmerksam zuhörte, – »ja, Frau Wirtin, das müssen wir aus unsern gelehrten Büchern wissen.« Und einer war so keck und behauptete, er könne sich wieder dunkel erinnern, daß sie vor sechstausend Jahren schon einmal da gewesen seien, und das hübsche freundliche Gesicht der Frau Wirtin sei ihm noch wohl bekannt. Das Gespräch wurde noch lange fortgesetzt, und je mehr die Wirtin alles zu glauben schien, desto besser ließen sich die jungen Schwenkfelder den Wein und Braten und manche Brezel schmecken, bis eine Rechnung von 5 fl. 16 kr. auf der Kreide stand. Als sie genug gegessen und getrunken hatten, rückten sie mit der List heraus, worauf es abgesehen war.

»Frau Wirtin«, sagte einer, »es steht diesmal um unsere Batzen nicht gut, denn es sind der Wirtshäuser zu viele an der Straße. Da wir aber an Euch eine verständige Frau gefunden haben, so hoffen wir als alte Freunde hier Kredit zu haben, und wenn's Euch recht ist, so wollen wir in 6000 Jahren, wenn wir wiederkommen, die alte Zeche samt der neuen bezahlen.« Die verständige Wirtin nahm das nicht übel auf, war's vollkommen zufrieden, und freute sich, daß die Herren so vorlieb genommen, stellte sich aber unvermerkt vor die Stubentüre und bat, die

Herren möchten nur so gut sein, und jetzt einstweilen die 5 fl. 16 kr. bezahlen, die sie vor 6000 Jahren schuldig geblieben seien, weil doch alles schon einmal so gewesen sei, wie es wiederkomme. Zum Unglück trat eben der Vorgesetzte des Ortes mit ein paar braven Männern in die Stube, um miteinander ein Glas Wein in Ehren zu trinken. Das war den gefangenen Vögeln gar nicht lieb. Denn jetzt wurde von Amts wegen das Urteil gefällt und vollzogen: Es sei aller Ehren wert, wenn man 6000 Jahre lang geborgt habe. Die Herren sollten also augenblicklich ihre alte Schuld bezahlen, oder ihre noch ziemlich neue Oberröcke in Versatz geben. Dies letzte mußte geschehen, und die Wirtin versprach, in 6000 Jahren, wenn sie wiederkommen und besser als jetzt bei Batzen seien, ihnen alles, Stück für Stück, wieder zuzustellen.

Dies ist geschehen im Jahr 1805 am 17. April im Wirtshause zu Segringen.

ROBERT GERNHARDT

Die Reiseerzählung

Durch Bella Italia mit der -- Nuckelpinne

»Na, Alte, was hältst du von einer Spritztour durch Bella Italia?«

Dieser Ruf erschallte eines schönen Frühlingsmorgens durch das schmucke Schwarzwaldhäuschen, als dessen Besitzer jeder in Kniedorf Gerhard Wohlgemut benannt hätte.

Und kein anderer hatte auch diese Worte geäußert, die nun eine von ihm zweifellos beabsichtigte Wirkung zeitigten. Denn hast du nicht gesehen öffnete sich die Küchentür, und die so summarisch als »Alte« angeredete – in Wirklichkeit eine prächtige Frau von etwa 35 Jahren – trat auf den Flur.

Marie, so war ihr Name im Paß vermerkt, und als Nachnamen konnte man dort einen Namen lesen, der uns nun schon vertraut ist, den Namen Wohlgemut.

»Gerhard, ist das dein Ernst?«
»Klar. Schau mal, was da draußen steht.«
»Ein Auto! Wie kommt denn das hierher?«
»Von selbst bestimmt nicht!«
»Du hast es gekauft?!«
In Maries Stimme lag ein Jauchzen.
»Hat es schon einen Namen?«
»Klar«, brummte Gerhard und zwinkerte verräterisch mit den Augen. »Nuckelpinne.«
»Nuckelpinne, wie hübsch. Und wann soll's losgehen?«
»Wenn du willst, sofort.«
»Ach Gerhard, wie herrlich!«

Zwei Stunden, nachdem dieses Gespräch stattgefunden hatte, lag das Reisegepäck wohlverstaut im Kofferraum, und auf den beiden vorderen Plätzen befanden sich die beiden Personen, die wir nun schon kennen und die sicher nichts dagegen haben werden, wenn wir sie ab jetzt ganz einfach mit ihren Vornamen anreden.

Hinter dem Steuer saß – wie könnte es anders sein – der stolze Besitzer Gerhard. Neben ihm hockte Frau Marie und strahlte aus allen Knopflöchern. Und ab ging's.

Zuerst mit Karacho durch das verschlafene Schwarzwaldstädtchen, dessen Bewohner nicht schlecht staunten, als sie das seltsame Gefährt daherrauschen sahen.

»Na Alte, was sagst du zu unserer Nuckelpinne? Unser fahrbarer Untersatz hat einen ganz schönen Zack drauf – wie?«

»Fahr nicht so schnell, Gerhard.«

Unter solchen Gesprächen verging die Zeit bis Trient.

»Trento«, stellte Gerhard fest. »Trient ist wohl zu schwer für die Spaghettifresser. Na, hier werden wir, schätzte ich, mal ausgiebig an der Matratze horchen. Schau mal links der Campanile. Also bauen können sie!«

Ein Hotel zu einem annehmbaren Preis war schnell gefunden, der Wirt geleitete die Gäste persönlich in das Zimmer, wo Gerhards Interesse rasch von dem Doppelbett gefesselt wurde. Vor den Augen des erstaunten Wirtes ließ er sich auf die Bettstatt plumpsen und stand mit verdüsterter Miene wieder auf.

»Das quietscht ja. Das Bett – il letto, capisci?«

Der Wirt zuckte mit den Achseln, offenbar gingen diese Worte nicht in seinen braunen Schädel.

»Das quietscht. Fa quietschi, quietschi. Niente capito? Kommen Sie mal. Horchen Sie mal. Hier. Macht quietsch, quietsch. Il letto quietsche. Claro?«

Nun wollte der Wirt unter Zuhilfenahme aller Extremitäten irgendwelche Beschwichtigungsversuche vorbringen, doch Gerhard stoppte seinen Redeschwall. »Für das Geld, was das hier kostet, kann man auch ein Bett erwarten, das einen ruhigen Schlaf garantiert. Garantia – capito? Bene schlafen. Voglio bene schlafen senza quietsch, quietsch. Ich zehn Stunden im Auto, sempre wrumm, wrumm, nun ich müde. Ich schlafen. Ohne quietsch, quietsch. Va bene?«

Doch unser armer Italiano schien nichts zu begreifen. Dann schließlich ging ein Leuchten über sein Gesicht, und er verschwand eilig auf dem Flur, freilich nur, um zwei weitere Kissen hereinzutragen.

Am nächsten Morgen, nach so, so verbrachter Nacht, gab dieser Vorfall unseren beiden Helden noch Anlaß zu einem scherzhaften Wortwechsel.

»Irgendjemand mußte es dem Wirt ja einmal sagen.«

»Du hast dich absolut richtig verhalten, Gerhard.«

Hinter Trient veränderte sich die Landschaft ziemlich rasch.

»Weniger Hügel, mehr Flachland, das muß ich mir merken«, sagte Gerhard, während der Marie fast die Augen aus dem Kopf fielen.

»Guck mal, da geht wieder so ein Mann mit einem Korb unter dem Arm.«

»Ging da schon mal einer?«

»Ja, vorhin. Hast du ihn nicht gesehen?«

»Nein, ich war zu sehr von dem Säulengang gefesselt.«

»Den hab ich nun wieder nicht gesehen.«

»Solltest du aber. Anstatt Männern nachzuschauen.«

»Gerhard, du weißt doch, wie es gemeint war!«

»Klar. Sollte auch nur ein Scherz sein.«

Bis Florenz ging alles gut. Dann tauchte in der Ferne die Domkuppel auf.

»Scheint il duomo zu sein«, bemerkte Gerhard mit Kennerblick. »Brunelleschis Meisterwerk. Roter, als ich dachte.«

Marie war ganz Ohr, als sich die Nuckelpinne ihren Weg durch das Verkehrschaos der Stadt am Arno bahnte und Gerhard seine Erläuterungen abgab.

»Jetzt muß gleich der Palazzo Vecchio kommen. Da

hat früher der Stadtrat getagt. Was war denn das da links?«

Der erste Vormittag gehörte ganz und gar den Uffizien.

Die Meisterwerke der Malerei wurden ausgiebig begutachtet, und dann war eine kleine Stärkung fällig.

»Voglio un poco mangiare«, bedeutete Gerhard dem dienstbaren Geist der Trattoria, der bald, mit einer Speisekarte bewaffnet, wiederauftauchte.

»Na, was gibt's denn hier Gutes?« mit diesen Worten vertiefte er sich in la carta. »Also da kenn sich einer aus. Alles so ein Brutta con Tutta und Cotschelone alla Panna-Zeug. Was nimmst du? Ich nehme Spaghetti.«

Da wollte Marie nicht nachstehen. »Was ist denn das hier?«

Der Kellner klaubte seine zugestandenermaßen etwas armseligen Deutschkenntnisse zusammen und erklärte: »Eine schöne Fleisch von Huhn mit Reis.«

»Eine schöne Fleisch – der gefällt mir!« sprang Gerhard hilfreich ein. »Der meint wahrscheinlich schönes Hühnerfleisch. Würde ich nehmen. Und dazu« – nun wieder zum Kellner gewandt – »und dazu eine Fanta. Habt ihr nicht? Dann vino rosso.«

Ziemlich belämmert zog der cameriere ab, doch nach stattgehabter Atzung waren die beiden Reisenden wieder ganz obenauf und schauten sich Santa Croce an.

»Komm mal hier rüber, so siehst du die Giottos am besten.«

»Ja, jetzt sehe ich sie auch.«

»Ganz schön schmissig, was?«

Der Toskana waren zwei weitere Tage gewidmet.

»O sole mio«, mit diesen Worten steuerte Gerhard die wackere Nuckelpinne weiter südwärts. Eines Tages wachten unsere Reisenden in Amalfi auf, und Gerhard plierte mißtrauisch durch die Jalousie. »Niente sole«, stellte er ärgerlich fest. Dazu kam, daß die Pinunzen langsam knapp wurden.

»Aber Rom war doch schön.«

»Da schien auch noch die Sonne.«

»Das stimmt.«

»Na, juckeln wir mal gemächlich die Küstenstraße runter. Die Sonne wird schon wieder scheinen.«

In der Tat, bald lugte sie wieder hinter den Wolken hervor, und schnell stieg das Stimmungsbarometer unserer beiden Italienfahrer wieder auf Markierung »Prima«.

Vor einer Kurve trat Gerhard plötzlich auf die Bremse und lenkte die Nuckelpinne auf einen Rastplatz. »Mal ein bißchen lucki, lucki machen«, erklärte er seiner besseren Hälfte und schaute die Steilküste runter. Mit einem italienischen Herrn, der dasselbe tat, kam er ins Gespräch.

»Das da unten nennen wir in Germania eine Haarnadelkurve.«

Doch der Italiener schien immerzu Bahnhof zu verstehen.

»Haarnadelkurve«, erklärte Gerhard mit Nachdruck.

»Curva, si, si.«

»Niente curva. Haarnadelkurva!«

Der Italiener begriff immer noch nicht.

»Passen Sie auf. Curva – si?«

»Si.«

»Bene. Und questa Kurva e una Haarnadelkurva. Capito?«

Der Italiener schüttelte den Kopf.

»Haarnadel – capisce Haarnadel?«

Nein, er begriff nichts.

»Haarnadel – come si dice? Hier, ecco –« Gerhard deutete auf seinen Kopf. Das sind Haare. Hair. Hier oben. Und nun ... le donne, Frau – capito? Le donne haben langes Haar ... questa cosa longa – und dafür Nadeln ... Haarnadeln – capisce? Nadeln per hier oben – claro?«

Der Italiener guckte immer noch wie nicht gescheit.

»Paß mal auf. Nadeln – ja? Si qualque cosa e kaputto, ja? Dann sie prende una Nadel per fare bene ...« Gerhard machte die Bewegung des Nähens, »Nadel – capito? Questa e una Nadel. Und una Nadel per hier oben e una Haarnadel und questa Kurva e una Haarnadelkurva. Con la forma di una Haarnadel – capito?«

»Gerhard laß doch, der begreift's nicht.«

»Ich glaub's beinahe auch. Na, macht nichts. Tschau!«

Wieder im Wagen, konnte er sich jedoch längere Zeit nicht beruhigen.

»Er hätte es doch wirklich begreifen können, der Italiano!«

»Es ging vielleicht über seinen horizonto«, meinte Marie begütigend und brachte so den Göttergatten wieder zum Schmunzeln.

Trotzdem hätte die in Maries Worten enthaltene Mahnung Gerhard vorsichtiger werden lassen müssen, aber in Riccione stach ihn der Haber noch einmal. Und dabei hätte es beinahe Ärger gegeben.

»Mit Ihnen würde ich gerne ein Nümmerchen schieben«, bedeutete er einer Kellnerin, die verlegen die Achseln zuckte.

»Also Nummer ...«, versuchte Gerhard zu erklären.

»Numero?«

»Ja, bene, numera. Ich – ego – io – ja?«

Das schöne Kind nickte und bemühte sich augenscheinlich, hinter den Sinn von Gerhards Worten zu kommen.

»Io Nümmerchen – una piccola numera, io una piccola numera con te – capito?«

Das hörte Marie ja nicht so gern: »Gerhard, laß das doch!«

Doch Gerhard wollte nun mal keine Ruhe geben: »Guck lieber nach, was ›schieben‹ heißt.«

»Das kannst du dir selber raussuchen«, stieß Marie wütend hervor, schmiß Gerhard das Wörterbuch auf den Tisch und wollte gerade die beleidigte Leberwurst spielen, als Gerhard ihr durch ein Zwinkern bedeutete, daß er nur Spaß machte.

»Also wir piccola numera schieben, wir insieme – si?«

»Sieben?« fragte die Kellnerin und provozierte ungewollt eine nur mühsam unterdrückte Heiterkeit bei unseren Freunden.

»Nicht sieben. Sieben e sette. Schieben. Wir Nümmerchen schieben – ja?«

»Nümmerschen?«

»Una piccola numera solo wir zwei Hübschen – capito?«

Aber die Brave begriff immer noch nicht, und schließlich ließ es Gerhard des grausamen Spiels genug sein. Die Kellnerin ging, und endlich konnte Marie ihrem angestauten Gelächter freien Lauf lassen.

Noch im Hotelzimmer wollte sie sich nicht beruhigen: »Nümmerschen sieben – also wie sie das gesagt hat!«

Doch auch die schönsten Ferien gehen einmal zuende.

Unerbittlich flatterte Kalenderblatt auf Kalenderblatt zu Boden, bis es auf einmal Abschiednehmen hieß.

»Schön war's in Italia, doch schön ist auch Germania«, sang Gerhard über das Lenkrad der unverwüstlichen Nuckelpinne gebeugt, und Marie summte den Refrain versonnen mit.

»Es waren doch trotz allem herrliche Tage, wie?«

»Ganz herrliche Tage.«

Und dann tauchten plötzlich zwei Schilder auf. »Bundesrepublik Deutschland« stand auf dem einen, »Freistaat Bayern« auf dem anderen.

»Man« war wieder zuhause: Gerhard, Marie und – nicht zu vergessen – die brave Nuckelpinne, die die ganzen drei Wochen wirklich ausgesprochen gut überstanden hatte.

»Buon giorno, Germania!« rief unser Italienfahrer übermütig aus.

Und war es mehr als nur ein Zufall, daß ihm das erste »Grüß Gott« seit drei Wochen – es war der Zöllner, der es aussprach – wie Musik in den Ohren klang?

HELFRICH PETER STURZ

Die Reise nach dem Deister

»Ich verlange durchaus, Herr im Hause zu bleiben«, sagte neulich Herr Simon, »nicht aus Steifsinn, denn ich bin verträglich, sondern aus Grundsätzen, Arist. – Glauben Sie mir, das beste Weib hat seltsame Launen und taumelt unter Grillen und Torheiten herum, wenn sie nicht zum Gehorsam geübt wird.«

»Ist das so leicht, Herr Simon?«

Er: »Alles besteht in der Methode, mein Herr. Wenn man nie etwas abschlägt oder begehrt als mit vernünftigen Gründen, die man, wie Sie wissen, immer findet, so lernt die Frau bald den Willen ihres Mannes für den klügsten Willen halten und folgt dann ohne Widerspruch.«

Ich schwieg betroffen; denn, im Vertrauen gesagt, der häusliche Mut dieses redlichen Mannes wird in der Stadt nicht gebührend erkannt. Jedermann glaubt vielmehr, daß ihn seine Dame, obwohl an einem seidenen Faden, doch sicher wie in Ketten, leitet.

Es ist Sünde, dachte ich, so ein Wohlbehagen, so ein täuschendes Gefühl der Kraft zu stören; doch entfiel mir, daß es Täuschungen gäbe, daß mancher Günstling eigenen Willen dem Sultan für den seinigen verkaufe und daß eine jede Frau eine geborene Staatskünstlerin sei.

»Ei Possen! Possen!« rief Herr Simon. »Ja, wenn man ihre Winkelzüge nicht endlich durchgeforscht hätte! Wer mit den Wendungen ihrer List, mit dem Labyrinth ihrer Einleitung bekannt ist, der lauscht am rechten Ort und hört sie auf den Zehen kommen.« – »Herr Simon«, sprach ich, »lieber Herr Simon! es gibt aber doch eine Menge Krümmen, die sich nicht berechnen lassen.«

Vor einigen Tagen traf ich die Frau meines Freundes allein zu Hause, ein freundliches, angenehmes Weib, die so natürlich spricht und handelt, daß, wenn sich Frau Simon verstellt, Verstellung notwendig die Natur der Damen sein müßte. – »Herrliches Wetter!« rief sie mir entgegen. »Jetzt wäre das so recht eine Zeit, um den Hallerbrunnen zu besuchen. Die Gegend, sagt man, ist wunderschön; wollen Sie mit von der Partie sein?«

ICH: Wenn es morgen sein kann – herzlich gern.

SIE: Morgen? Gut! Es bleibt dabei. Je eher, je lieber! Das Wetter kann sich ändern.

ICH: Ob's auch Herr Simon zufrieden sein wird?

SIE (lächelnd): Mein Mann ist, wie Sie wissen, ein gütiger Mann und schlägt mir ein unschuldig Vergnügen nicht ab. Machen Sie sich nur immer zurecht; wir fahren um sechse präzise. – Hier wurde sie abgerufen, und ich setzte mich im Bücherkabinett meines Freundes nieder.

Nach einer halben Stunde trat Herr Simon unter einem lebhaften Gespräch mit seiner Frau ins Vorzimmer, und weil ich das Wort Deister hörte, so lauscht ich neugierig, wie die Sache wohl negoziiert werden möchte. Hier ist der interessanteste Teil ihres Gesprächs.

FRAU SIMON: Du hast recht, mein Kind, es ist eine teure Langeweile. Man jagt über die kahle Chaussee, ißt und trinkt schlecht, ermüdet sich, erhitzt sich und kriegt am Ende nichts als Bäume zu sehen, die man in der Nähe haben kann. – Arist ist gewaltig für die Reise eingenommen.

HERR SIMON: Ich diene meinen Freunden gern, nur müssen sie nicht verlangen, daß ich mich ihrentwegen ennuyieren soll. – Außerdem geht's morgen nicht an; ich habe dringende Geschäfte und weiß mich kaum durch die Papiere zu finden. Überhaupt sind mir alle die Partien zuwider, wo man so feierlich nach Freude läuft und sie erst findet, wenn alles vorbei ist. Ach, rufen wir dann ermüdet, wie froh bin ich, wieder zu Hause zu sein! – Warum gingen Sie denn aus dem Hause, Mesdames?

FRAU SIMON: Eben das ist meine Meinung, und damit ist's aus. Arist mag sich eine andere Gesellschaft suchen.

Nein, das herrliche Wetter will ich besser anwenden, und morgen kann ich endlich tun, was ich schon so lange willens war. Deine Stube hier, die Bücherkammer, will ich nun einmal recht waschen und scheuern und reinigen lassen; alles muß hier umgewandt und in eine vernünftige Ordnung gebracht werden. Jetzt trocknet's geschwind, und so wirst du endlich den ekelhaften Unrat los.

HERR SIMON: Dortchen, nein, um's Himmels willen, das geht noch weniger an! Euer Kramen und Poltern, weißt du doch, ist mir ein rechter Abscheu. Laß das bis auf ein andermal gut sein; morgen muß ich arbeiten.

FRAU SIMON: Aber könntest du nicht, lieber Mann, ein paar Tage in der kleinen Torstube sitzen? Ich muß mich wahrlich schämen, wenn hier ein Fremder kommt. – Alles das legt man endlich der Frau im Hause zur Last. – Einmal muß es doch geschehen.

HERR SIMON: Ja, und soll auch geschehen; aber nur, wenn ich nicht zu Hause bin.

FRAU SIMON: Damit hältst du mich nun schon viele Monate hin. – Zürne nicht, mein lieber Mann, diese Unordnung macht uns beiden wenig Ehre. Ist es gesund, ist es angenehm, in einem solchem Stalle zu leben? Ist es schicklich, irgend jemand hier hereinzuführen? Auch du wohnst gern in einer reinlichen Stube. – Wie dir's so wohl sein wird, wenn der Greuel einmal weg ist, wenn deine Kammern durch die gesunde Frühlingsluft recht durchgeweht und durchgereinigt sind.

HERR SIMON (nach einigem Nachdenken): Hör, mir fällt etwas ein – weil doch Arist seinen Sinn darauf gesetzt hat – so laß uns nach dem Deister reisen – unterdessen mögen sie poltern.

FRAU SIMON: Gut, lieber Mann! – Reise du mit ihm hin,

und mache dir viel Vergnügen – ich will alles wohl besorgen.

HERR SIMON: Nein, Madame, das war die Meinung nicht! da fehlen mir hundert Bequemlichkeiten – ohne dich reis ich nicht aus der Stelle.

FRAU SIMON: Kann der Schreiber nicht achtgeben, daß man die Papiere nicht rührt, und die Bücher abnehmen und aufsetzen? Ist dazu deine Gegenwart nötig?

HERR SIMON: Nein, Kind – aber Sie reisen mit, wenn es gefällig ist.

FRAU SIMON: Lieber Mann!

HERR SIMON: Kurz und gut! – Eine Gefälligkeit ist der andern wert; und wenn ich in das Ausräumen willige, so mußt du mit nach dem Deister.

FRAU SIMON: Werde nicht heftig, lieber Mann! deine Wünsche sind Befehle für mich; ich will gleich die Berutsche bestellen. – Hier umarmten sie sich, und ich schlich aus der Hintertüre leise die Treppe hinab. Wir reisten nach dem Deister. Als wir in den Wagen stiegen, drückte mir Herr Simon freundlich mit den Worten die Hand: »Diesen Tag haben Sie mir zu verdanken. Meine Frau wollte durchaus nicht dran; aber sie versteht zu gehorchen.«

Warum gelingt es jeder klugen Frau, ihren vernünftigen Mann, sooft sie Lust hat, nach dem Deister zu führen?

Weil die Freude zu gebieten, ce qui plait aux dames, das Studium ihres Lebens ist und weil der Stolz des Herrn der Schöpfung sie geradezu nach dem Throne führt; denn uns ahndet so ein Hochverrat nicht. Wir brüsten uns in unserer Repräsentation und geben für die Zeichen der Regierung die Regierung selbst hin.

Aber ist es denn so ein Unglück, durch eine Frau geleitet zu werden? einen freundlichen Richter zu erkennen, der entscheidet, wenn Unentschlossenheit an unserer Ruhe nagt? an der Hand einer sanften Gebieterin durch das dornige Leben zu wandeln, wo wir in unserer Leidenschaft gewiß den Pfad nicht immer fänden, der sicher zwischen Abgründen hinführt?

RENÉ GOSCINNY

Der Strand ist Klasse

Am Strand haben wir viel Spaß. Ich habe viele neue Freunde getroffen, Fred und Fruchthäuser und Kappe – der hat 'ne Meise! – und Friedhelm und Fabian und Bremer und Jens, aber der ist nicht in Urlaub, der ist hier aus der Gegend. Und wir spielen zusammen und streiten uns und dann sprechen wir nicht mehr miteinander – Klasse!

»Geh und spiel schön mit deinen kleinen Kameraden«, hat Papa heute morgen gesagt. »Ich will mich ein wenig ausruhen und ein Sonnenbad nehmen.« Und er hat sich überall Öl hingeschmiert und er hat gelacht und gesagt: »Ah – wenn ich an die Kollegen denke, die jetzt hinterm Schreibtisch sitzen!«

Wir haben angefangen, mit Friedhelms Ball zu spielen.

»Spielt mal ein bißchen weiter drüben«, hat Papa gesagt, als er sich eingeölt hatte und Peng – hat er den Ball auf den Kopf gekriegt. Das hat Papa gar nicht gefallen, er ist richtig wütend geworden und hat den Ball mit dem Fuß weggestoßen, richtig feste und der Ball ist ins Wasser gefallen, ganz weit draußen. Ein toller Schuß!

»Ist doch wahr, verflixt noch mal«, hat Papa gesagt. Friedhelm, der ist weggerannt und dann ist er wiedergekommen, mit seinem Papa. Friedhelms Papa, der ist ganz toll groß und er hat ein böses Gesicht gemacht.

»Der war es, der da!« hat Friedhelm gesagt und er hat mit dem Finger auf meinen Papa gezeigt.

»Aha, also Sie«, hat Friedhelms Papa zu meinem Papa gesagt. »Sie haben den Ball meines Jungen ins Wasser geworfen?« »Klar«, hat mein Papa zu Friedhelms Papa gesagt. »Ins Gesicht hab ich ihn gekriegt, den Ball.«

»Die Kinder sind hier am Strand, um sich auszutoben«, hat Friedhelms Papa gesagt. »Wenn Ihnen das nicht paßt, dann können Sie ja zu Hause bleiben. Aber jetzt holen Sie erst mal den Ball wieder!«

»Hör nicht auf ihn«, hat Mama zu Papa gesagt. Aber Papa hat doch lieber auf ihn gehört.

»Gut, schön«, hat er gesagt. »Ich hole ihn schon, Ihren kostbaren Ball.«

»Ja«, hat Friedhelms Papa gesagt, »das würde ich an Ihrer Stelle auch tun.«

Papa hat ziemlich lange gebraucht, den Ball zu holen, denn der Wind hatte ihn schon ganz weit abgetrieben. Papa hat sehr müde ausgesehen, als er dem Friedhelm den Ball wiedergegeben hat und er hat zu uns gesagt:

»Hört mal, Kinder, ich möchte mich richtig ausruhen. Müßt ihr denn unbedingt mit dem Ball spielen?«

»Na, was denn sonst zum Beispiel?« hat Kappe gefragt. – Der ist vielleicht bescheuert!

»Woher soll ich das wissen?« hat Papa gesagt. »Irgendwas – grabt Löcher! Löcher in den Sand graben, das macht Spaß.«

Wir haben gesagt, das ist eine prima Idee und wir haben unsere Schaufeln geholt und Papa wollte sich wieder einölen, aber das ging nicht mehr, denn er hatte kein Öl mehr in der Flasche. »Ich kaufe mir neues Sonnenöl drüben im Laden«, hat Papa gesagt und Mama hat gefragt, warum er sich nicht einfach ein bißchen ausruht.

Wir haben angefangen, ein Loch zu graben, ein prima Loch, groß und ganz tief. Papa ist zurückgekommen und ich habe ihn gerufen und hab gesagt: Willst du unser Loch sehen, Papa?«

»Sehr hübsch, mein Kleiner«, hat Papa gesagt und er hat versucht, den Schraubverschluß von der Ölflasche mit den Zähnen aufzumachen. Aber da ist ein Herr mit einer weißen Mütze gekommen und hat uns gefragt, wer uns erlaubt hat, am Strand ein Loch zu graben. »Der da drüben«, haben meine Freunde gerufen und sie haben auf Papa gezeigt. Ich war schon ganz stolz, weil ich dachte, der Herr mit der Mütze will Papa gratulieren zu der guten Idee. Aber der Herr war gar nicht freundlich.

»Sie sind wohl nicht recht bei Trost, was? Den Flegeln solche Flausen in den Kopf zu setzen!« hat der Herr geschrien. Papa, der war damit beschäftigt, seine neue Ölflasche aufzuschrauben und er hat nur gefragt: »Na und?« Da hat der Herr mit der Mütze erst richtig angefangen zu schreien: unglaublich, wie verantwortungslos die Leute sind und man kann sich ein Bein brechen, wenn man in das Loch fällt und bei Flut verlieren die Nichtschwimmer den Boden unter den Füßen und ertrinken und der Sand kann nachrutschen und einer von uns kann verschüttet werden und es können schreckliche Dinge passieren mit dem Loch und wir müssen das Loch sofort wieder zuschaufeln.

»Na ja«, hat Papa gesagt, »macht das Loch wieder zu, Kinder.« Aber meine Freunde, die wollten nicht.

»Ein Loch graben«, haben sie gesagt, »das ist dufte. Aber ein Loch zuschaufeln, das ist doof!«

»Kommt, wir gehen ins Wasser!« hat Fabian gerufen. Sie sind alle weggelaufen, nur ich bin natürlich dageblieben, denn Papa sah aus, als wenn er sich ärgert.

»Kinder! He! Kinder!« hat Papa gerufen, aber der Herr mit der Mütze hat gesagt:

»Lassen Sie die Kinder in Ruhe und schaufeln Sie das Loch zu – sofort, wenn ich bitten darf!« – und er ist weggegangen.

Papa hat gestöhnt und er hat mir geholfen, das Loch zuzuschaufeln. Aber wir haben nur die eine kleine Schaufel gehabt und es hat ziemlich lange gedauert. Wir waren kaum fertig, da hat Mama schon gerufen, es ist Zeit, zum Hotel zurückzugehen zum Mittagessen, und wir müssen uns beeilen, denn wenn wir zu spät kommen, kriegen wir nichts mehr. »Hol deine Sachen zusammen, deine Schaufel, deinen Eimer, und dann komm«, hat Mama gesagt. Ich hab meine Sachen geholt, aber den Eimer habe ich nicht gefunden. »Macht nichts – los, gehen wir!« hat Papa gesagt. Aber da habe ich angefangen zu weinen, richtig feste. So ein schöner Eimer, ganz toll gelb und rot und man kann phantastische Kuchen damit backen.

»Nun mal langsam«, hat Papa gesagt. »Wo hast du den Eimer denn hingetan?«

Ich habe gesagt, vielleicht ist er unten in dem Loch, das wir gerade zugemacht haben. Papa hat mich angeschaut, als wenn er mich durchhauen will und ich habe gleich noch ein bißchen mehr geweint und Papa hat gesagt, also gut, er sucht den Eimer, aber ich soll um Himmels willen mit der Heulerei aufhören. Mein Papa – also wirklich, der ist unheimlich Klasse!

Weil wir ja nur die eine kleine Schaufel hatten, habe ich ihm nicht helfen können und ich habe zugeschaut. Aber da hat auf einmal hinter uns einer laut gebrüllt: »Sie haben es wohl nicht nötig, meine Anordnungen zu befolgen, was?«

Papa hat einen richtigen Schreck gekriegt und wir haben uns umgedreht und da stand der Herr mit der weißen Mütze. »Ich glaube mich zu erinnern, daß ich Ihnen untersagt habe, Löcher zu graben«, hat er gesagt. Papa hat ihm erklärt, wir suchen meinen Eimer. »Na gut«, hat der Herr gesagt, »aber das Loch muß sofort wieder zugeschaufelt werden.« Er ist dageblieben und hat kontrolliert, ob Papa auch gehorcht.

»Hör mal«, hat Mama zu Papa gesagt, »ich gehe schon mit Nick ins Hotel zurück. Komm gleich nach, wenn du den Eimer gefunden hast.« Und wir sind los.

Papa ist erst sehr spät ins Hotel gekommen. Er war sehr müde und hatte keinen Hunger mehr und er ist auch gleich aufs Zimmer gegangen und hat sich hingelegt. Den Eimer hat er nicht gefunden, aber das war nicht so schlimm, denn ich habe gemerkt, daß ich ihn in meinem Zimmer gelassen hatte. Am Nachmittag haben wir den Doktor holen müssen, nämlich, Papa hat einen schlimmen Sonnenbrand. Der Doktor hat zu Papa gesagt, er muß zwei Tage im Bett bleiben.

»Wie kann man sich nur so der Sonne aussetzen«, hat der Doktor gesagt, »ohne sich den Körper einzuölen!«

»Ah«, hat Papa gesagt, »wenn ich an die Kollegen denke, die jetzt zu Hause sitzen!«

Aber er hat gar kein freundliches Gesicht gemacht dabei.

ERNST BLOCH

Fall ins Jetzt

Man kann auch sonderbar aufs Hier und Da kommen, das ist nie weit von uns. Ich kenne eine kleine, fast niedere, ostjüdische Geschichte, an der freilich der Schluß merkwürdig enttäuscht. Ihr Ende soll offenbar ein Witz sein, ein recht verlegener und matter, unlustiger, jedoch eben einer, der nur die Grube zuschaufeln soll, in die man gefallen ist. Die Grube ist unser Jetzt, in dem alle sind und von dem *nicht* wegerzählt wird, wie sonst meistens; die kleine Falltür ist also herzusetzen.

Man hatte gelernt und sich gestritten, war darüber müde geworden. Da unterhielten sich die Juden, im Bethaus der kleinen Stadt, was man sich wünschte, wenn ein Engel käme. Der Rabbi sagte, er wäre schon froh, wenn er seinen Husten los wäre. Und ich wünschte mir, sagte ein Zweiter, ich hätte meine Töchter verheiratet. Und ich wollte, rief ein Dritter, ich hätte überhaupt keine Töchter, sondern einen Sohn, der mein Geschäft übernimmt. Zuletzt wandte sich der Rabbi an einen Bettler, der gestern abend zugelaufen war und nun zerlumpt und kümmerlich auf der hinteren Bank saß. »Was möchtest du dir denn wünschen, Lieber? Gott sei es geklagt, du siehst nicht aus, wie wenn du ohne Wunsch sein könntest.« –

»Ich wollte«, sagte der Bettler, »ich wäre ein großer König und hätte ein großes Land. In jeder Stadt hätte ich einen Palast, und in der allerschönsten meine Residenz, aus Onyx, Sandel und Marmor. Da säße ich auf dem Thron, wäre gefürchtet von meinen Feinden, geliebt von meinem Volk, wie der König Salomo. Aber im Krieg habe ich nicht Salomos Glück; der Feind bricht ein, meine Heere werden geschlagen, und alle Städte und Wälder gehen in Brand auf. Der Feind steht schon vor meiner Residenz, ich höre das Getümmel auf den Straßen und sitze im Thronsaal ganz allein, mit Krone, Szepter, Purpur und Hermelin, verlassen von allen meinen Würdeträgern und höre, wie das Volk nach meinem Blut schreit. Da ziehe ich mich aus bis aufs Hemd und werfe alle Pracht von mir, springe durchs Fenster hinab in den Hof. Komme hindurch durch die Stadt, das Getümmel, das freie Feld und laufe, laufe durch mein verbranntes Land, um mein Leben. Zehn Tage lang bis zur Grenze, wo mich niemand mehr kennt, und komme hinüber, zu andern Menschen, die nichts von mir wissen, nichts von mir wollen, bin gerettet und *seit gestern abend sitze ich hier.*« – Lange Pause und ein Chok dazu, der Bettler war aufgesprungen, der Rabbi sah ihn an. »Ich muß schon sagen«, sprach der Rabbi langsam, »ich muß schon sagen, du bist ein merkwürdiger Mensch. Wozu wünschst du dir denn alles, wenn du alles wieder verlierst. Was hättest du dann von deinem Reichtum und deiner Herrlichkeit?« – »Rabbi«, sprach der Bettler und setzte sich wieder, »ich hätte schon etwas, ein Hemd.« – Nun lachten die Juden und schüttelten die Köpfe und schenkten dem König das Hemd, mit einem Witz war der Chok zugedeckt. Dieses merkwürdige Jetzt als Ende oder Ende des Jetzt in dem

Wort: Seit gestern abend sitze ich hier, dieser Durchbruch des Hierseins mitten aus dem Traum heraus. Sprachlich vermittelt durch den vertrackten Übergang, den der erzählende Bettler aus der Wunschform, mit der er beginnt, über das historische plötzlich zum wirklichen Präsens nimmt. Den Hörer überläuft es etwas, wenn er landet, wo er ist; kein Sohn übernimmt dies Geschäft.

ALFRED POLGAR

Die Handschuhe

Auf dem Waldspaziergang sagte die Frau plötzlich, daß sie auch einen Stock haben wolle. »Nichts leichter als das«, erwiderte der Mann, »einen Augenblick.« Er legte seine Handschuhe auf den Boden und verfertigte aus einem abgebrochenen Zweig eine Art Spazierstock für die Frau. Dann gingen sie weiter, und als sie müde waren, legten sie sich ins Gras. Da bemerkte der Mann, daß ihm seine Handschuhe fehlten. »Sie müssen noch dort liegen, wo ich dir den Stock gemacht habe«, sagte er; »ich hole sie. Gleich bin ich wieder da.«

Er ging nun den Weg zurück, den sie gekommen waren, und überdachte hierbei, gewohnt, »Fehlleistungen« zu deuten, was es mit dem Vergessen der Handschuhe für Bewandtnis haben möge. Sie waren ein Geschenk der Frau; also nichts wahrscheinlicher, als daß sich in ihrem Verlieren der heimliche Wunsch kundgegeben hatte, die Frau irgendwo liegen zu lassen. Indem der Mann diesen

Gedanken durchkaute, schritt er über den Platz, wo die Handschuhe lagen, ohne sie zu sehen, hinweg und fast bis zum Ausgangspunkt des Spaziergangs zurück.

Unterdessen hatte die Frau, besorgt, wo ihr Begleiter so lange bleibe, sich aufgemacht, ging selbst den Weg, auf dem sie dem Wiederkehrenden begegnen mußte – es kam kein anderer Weg in Frage –, zurück und fand die Handschuhe dort, wo er sie hätte finden müssen. Das konnte sie sich nun ganz und gar nicht erklären. War dem Manne was geschehen? In diesem friedlichen, harmlosen, von der Vormittagssonne durchhellten Wald? Hatte er den Weg verfehlt? Auf dieser breiten, nicht zu verfehlenden Promenade? Da sie sich den Vorfall nicht erklären konnte, bekam sie, wie das schon zu sein pflegt bei gebildeten Frauen, einen rechten Zorn auf den Mann und pumpte sich mit Ärger so ganz voll, daß sie, als sie des Daherkommenden ansichtig wurde, rief: »Also, das ist eine Gemeinheit von dir!« und ihm die Handschuhe vor die Füße warf.

Nun muß man wissen, daß der Mann, wie er so, in süße Träumereien versponnen, sich plötzlich am Ausgangspunkt des Spaziergangs sah – von einem rechten Schreck befallen, die Frau könnte seinethalben sich ängstigen –, den Weg, ohne weiter nach den Handschuhen zu suchen, zurückgelaufen war. Atemlos, erhitzt, zärtliche Worte, zum Herabfallen bereit, auf der Lippe, auf dem äußersten Rand der Lippe schon, so kam er an: da traf ihn die »Gemeinheit!«. Er schwankte ein wenig, betäubt durch das ganz und gar Unerwartete, dann hob er mechanisch die Handschuhe auf, spuckte den zärtlichen Rest, der ihn auf den Lippen (wie ein von der Zigarette dort gebliebener Tabakfaden) genierte, fort und wandte sich, Richtung nach Hause. Sie ihm nach: »Jetzt bist natürlich du wieder böse ..., und ich vergehe seit zwei Stunden vor Angst.« »Vor einer dreiviertel Stunde sind wir vom Hause weggegangen«, sagte er schlicht. »Also, mir kam es länger vor als zwei Stunden. Wo warst du denn?« »Ich habe eine entzückende Blondine getroffen und sie ein wenig vergewaltigt ... Übrigens, wieviel Trinkgeld, meinst du, soll ich dem Portier geben?« »Du hast eine Art, wenn dir ein Thema unangenehm ist, von ihm wegzugehen, die aufreizend ist«, rief sie, »die Handschuhe ...« »Wo waren sie denn?« »Genau dort, wo du sie hingelegt hast.« »Komisch, ich habe sie nicht bemerkt.« »Komisch nennst du das? Ich nenne es stupid.«

Hierbei gingen sie eben über eine kleine Brücke, unter der Wasser floß, und er warf die Handschuhe hinein. Diese für seine Verhältnisse leidenschaftliche Tat erschreckte die Frau so, daß sie liebevoll den Arm des Mannes nahm und lispelte: »Muschipuschi!« Nach einigem Schweigen setzte sie hinzu: »Wie boshaft du doch sein kannst! Warum sprichst du nicht? Warum zankst du nicht mit mir, wenn du böse bist? Warum haust du mir nicht eine herunter?«

»Ich will dir das erklären«, sagte der Mann. »Wenn ich dir eine Ohrfeige gebe – tatsächlich oder metaphorisch –, so brennt meine Wange, und ich fühle mich geschlagen und gedemütigt. Wenn ich dir in der Wut was sage, um dich zu kränken, so empfinde ich meine Wut und deine Kränkung dazu, bin also doppelt übel dran. Ich kann dir nichts tun, ohne es mir zu tun. Vielleicht ist das Liebe, vielleicht Schwäche. Wenn ich nur einmal darauf käme, wie ich es machen soll, dir Schmerz zuzufügen, der mich nicht schmerzte. Ich glaube, die meisten Männer bringen ihre Frauen nur deshalb nicht um, weil sie sie zu lieb haben! Und dann hast du mir ja das mit meinem Zartgefühl eingeredet. Du hast mir beigebracht, wenn ein guter, zarter, feiner Mensch wie ich ›Nicht doch!‹ sage, sei das schon so wie von einem anderen ein Stoß in den Magen, und lächle ich kühl, so ist das in meiner subtilen Affektsprache schon eine unerhörte Brutalität. Also halte ich mich natürlich zurück, denn ich kann nicht riskieren, daß du, wenn ich dir ›Dumme Gans‹ sage, gemordet umfällst. Ferner dein Temperament. Es kommt vor, daß du nach einem Streit auf der Gasse dich umdrehst und fortläufst. Himmel, was stehe ich da für Ängste aus! Nicht vielleicht, weil ich fürchte, du wirfst dich unter ein Auto, sondern weil ich fürchte, du gerätst unter eines, das du, ganz mit deiner Bosheit beschäftigt, übersiehst. Oh, dein Temperament! Ich habe gar keine Angst, daß du, wenn es entfesselt ist, dir was tust; aber ich habe Angst, daß dir dann was geschieht. Der Zufall ist immer gegen mich, und die heimlichen bösen Wünsche, die man so im Ärger hat, kommen auch in Betracht. Ich will dir jetzt etwas Furchtbares gestehn: Dich habe ich heute ins Wasser geworfen, nicht die Handschuhe.«

Pause.

»Schön waren sie ja ohnehin nicht mehr«, sagte die Frau. »Ich kaufe dir morgen ein Paar neue, Muschipuschi.«

CEES NOOTEBOOM

Onkel Alexander

Mein Onkel Antonin Alexander war ein merkwürdiger Mann. Als ich ihn zum erstenmal sah, zählte ich zehn Jahre und er etwa siebzig. Er wohnte im Gooiland in einem häßlichen, schrecklich großen, mit den seltsamsten, überflüssigsten und abscheulichsten Möbeln vollgestopften Haus. Ich war damals noch sehr klein, und ich reichte nicht bis zur Glocke. An die Tür zu klopfen oder mit dem Briefkasten zu klappern, wie ich es anderswo immer tat, wagte ich hier nicht. Ratlos lief ich schließlich einfach um das Haus herum. Dort saß mein Onkel Alexander in einem wackeligen, mit verschossenem violettem Plüsch überzogenen und mit drei gelblichen Schutzdeckchen belegten Lehnstuhl. Und er war wirklich der merkwürdigste Mann, den ich je gesehen habe. An jeder Hand trug er zwei Ringe; und erst später, als ich nach sechs Jahren zum zweitenmal kam, um bei ihm zu bleiben, erkannte ich, daß ihr Gold Kupfer war und die roten und grünen Steine – ›Ich habe einen Onkel, der trägt Rubine und Smaragde‹ – gefärbtes Glas.

»Bist du Philipp?« fragte er.

»Ja, Onkel«, sagte ich zu der Gestalt in dem Stuhl. Ich sah bloß die Hände. Der Kopf war im Schatten.

»Hast du mir etwas mitgebracht?« fragte die Stimme weiter. Ich hatte nichts mitgebracht, und ich antwortete: »Ich glaube nicht, Onkel.«

»Du mußt doch etwas mitbringen.«

Ich denke nicht, daß ich das damals töricht fand. Wenn jemand kam, mußte er eigentlich etwas mitbringen. Ich stellte mein Köfferchen hin und ging zurück, der Straße nach. Im Garten neben dem meines Onkels Alexander hatte ich Azaleen gesehen, und ich schlich mich vorsichtig durch die Gittertür und schnitt mit dem Taschenmesser ein paar Blüten ab.

Zum zweitenmal stand ich vor der Terrasse.

»Ich habe Blumen für dich mitgebracht, Onkel«, sagte ich. Er stand auf, und jetzt erst sah ich sein Gesicht.

»Das rechne ich dir besonders hoch an«, erklärte er und machte eine kleine Verbeugung. »Wollen wir ein Fest feiern?«

Er wartete meine Antwort nicht ab und zog mich an der Hand ins Haus hinein. Irgendwo knipste er ein kleines Lämpchen an, so daß gelbliches Licht die wunderliche Stube füllte. Dieser Raum war in der Mitte voll von Stühlen; an den Wänden standen drei Sofas mit einer Menge weicher Kissen, hellbraun und grau. Vor der Wand mit den Terrassentüren stand eine Art Klavier, von dem ich später erfuhr, daß es ein Cembalo war.

Er setzte mich auf ein Sofa und sagte: »Leg dich schön hin, nimm dir aber viele Kissen!« Er selbst legte sich auf ein anderes Sofa, an der Wand mir gegenüber; und nun konnte ich ihn nicht mehr sehen, wegen der hohen Rücken der Stühle, die zwischen uns standen.

»Wir wollen also ein Fest feiern«, sagte er. »Was tust du gern?«

Ich las gern, und ich schaute gern Bilder an; aber das kann man auf einem Fest nicht machen, dachte ich – sagte es jedoch nicht.

Ich überlegte eine Weile und erklärte: »Spät am Abend in einem Autobus fahren, oder in der Nacht.«

Ich wartete auf eine Zustimmung; doch sie kam nicht.

»Am Wasser sitzen«, meinte ich, »und im Regen spazierengehen und manchmal jemanden küssen.«

»Wen?« fragte er.

»Niemanden, den ich kenne«, erwiderte ich; aber das stimmte nicht.

Ich hörte, wie er aufstand und auf mein Sofa zuging.

»Wir feiern jetzt ein Fest«, erklärte er. »Wir fahren zuerst mit dem Autobus nach Loenen und dann wieder zurück nach Loosdrecht. Dort setzen wir uns ans Wasser, und vielleicht trinken wir auch etwas. Dann fahren wir wieder mit dem Bus heim. Komm!«

So habe ich meinen Onkel Alexander kennengelernt. Er hatte ein altes, weißliches Gesicht, an dem alle Linien abwärts liefen, eine schöne schmale Nase und dichte, schwarze Brauen, die wie alte, zerzauste Vögel aussahen. Sein Mund war lang und rosarot; und meist trug mein Onkel Alexander ein Judenkäppchen, obwohl er kein Jude war. Ich glaube, er hatte unter dem Käppchen keine Haare; aber das weiß ich nicht bestimmt. An diesem Abend gab es das erste richtige Fest, das ich je mitgemacht habe.

Es waren fast keine Leute in dem Bus. Und ich dachte: Ein Autobus in der Nacht ist wie eine Insel, auf der einer beinahe allein wohnt. Man kann sein Gesicht in den Fenstern sehen; und man hört das leise Reden der Menschen, wie Farbtupfen in dem Summen des Motors. Das gelbe Licht der kleinen Lämpchen macht die Dinge innen und außen anders, und das Nickel klirrt wegen der Steine auf der Straße. Weil so wenig Leute sind, hält der Bus fast nie; und man muß dann denken, wie er wohl von außen her aussehen mag, wenn er über den Deich fährt, mit den großen Augen vorn, den gelben Quadraten der Fenster und dem roten Licht hinten.

Mein Onkel Alexander setzte sich nicht neben mich; er nahm in einer ganz anderen Ecke Platz. »Sonst ist es nämlich kein Fest mehr, wenn man miteinander reden muß«, sagte er. Und das ist wahr.

Als ich von hinten her in die Windschutzscheibe schaute, sah ich ihn sitzen. Es war, als schliefe er; aber seine Hände strichen über das Köfferchen, das er mitgenommen hatte. Ich hätte ihn gern gefragt, was darin war; aber ich dachte, er würde es vielleicht doch nicht sagen.

In Loosdrecht stiegen wir aus und gingen, bis wir an das Wasser kamen.

Dort öffnete mein Onkel Alexander das Köfferchen und nahm ein Stück altes Segeltuch heraus, das er über das Gras breitete, weil es so naß war.

Wir setzten uns dem Monde zu, der vor uns grünlich im Wasser schwankte, und hörten das Schlurfen der Kühe auf der Wiese jenseits des Deiches. Es waren auch Nebelfetzen und kleine Dunstschleier über dem Wasser und seltsame kleine Geräusche in der Nacht, so daß ich zuerst nicht merkte, daß mein Onkel anscheinend leise weinte.

Ich sagte: »Weinst du, Onkel?«

»Nein, ich weine nicht«, entgegnete mein Onkel; und nun wußte ich sicher, daß er weinte. Und ich fragte ihn: »Warum bist du nicht verheiratet?« Aber er erklärte: »Ich bin ja verheiratet. Ich habe mich selbst geheiratet.« Und er trank etwas aus einer kleinen flachen Flasche, die er in seiner Innentasche hatte; Courvoisier stand darauf, aber das konnte ich damals nicht aussprechen. Dann fuhr er fort: »Ich bin ja verheiratet. Hast du vielleicht schon von den Metamorphosen des Ovid gehört?«

Ich hatte noch nie etwas davon gehört; doch er meinte,

das sei kein Unglück, denn eigentlich hätten sie gar nicht so viel damit zu tun.

»Ich habe mich selbst geheiratet«, wiederholte er. »Nicht mich selber, wie ich damals war, sondern eine Erinnerung, die zu meinem Ich geworden ist. Verstehst du das?« fragte er.

»Nein, Onkel«, gestand ich.

»Gut«, sagte mein Onkel Alexander. Und er erkundigte sich, ob ich Schokolade gern hätte. Aber ich machte mir nichts aus Schokolade, so daß er die Stangen, die er für mich mitgenommen hatte, selbst aufaß.

Dann falteten wir gemeinsam das Segeltuch wieder zu einem kleinen rechteckigen Päckchen und taten es in den Koffer. Über den Deich schlenderten wir zurück zur Autobushaltestelle; und als wir zu den Häusern der Menschen kamen, rochen wir den Jasmin, und wir hörten, wie das Wasser leise gegen die kleinen Ruderboote am Landeplatz schlug. An der Haltestelle sahen wir ein Mädchen in rotem Kleide; die Kleine verabschiedete sich von ihrem Freunde. Ich sah, wie sie ihm mit rascher Geste die Hand an den Nacken legte und seinen Kopf zu ihren Lippen zog. Sie küßte ihn auf den Mund, aber ganz kurz, und stieg dann eilends in den Bus. Als wir in den Wagen kamen, war sie schon ein anderer Mensch geworden.

Mein Onkel Alexander setzte sich neben mich; und daran erkannte ich, daß nun das Fest zu Ende war. In Hilversum half der Schaffner ihm aussteigen; denn er war sehr müde geworden, und er sah ganz, ganz alt aus.

»Heute nacht spiele ich für dich«, sagte er. Es war nämlich Nacht geworden, und auf der Straße herrschte tiefe Stille.

»Wie meinst du das, spielen?« fragte ich; aber er gab keine Antwort. Eigentlich achtete er nicht mehr so recht auf mich, auch nicht, als wir wieder zu Hause waren, im Zimmer.

Er setzte sich an das Cembalo, und ich stellte mich hinter ihn und schaute ihm auf die Hände, die das Schlüsselchen zweimal umdrehten und dann den Deckel öffneten.

»Partita«, sagte er, »Sinfonia.« Und er begann zu spielen.

Ich hatte das nie zuvor gehört, und ich dachte, nur mein Onkel Alexander könnte so etwas. Es klang wie sehr lange vergangen; und als ich mich wieder auf mein Sofa legte, rückte es ganz weit weg.

Ich konnte im Garten allerlei Dinge sehen; und es war, als gehörte das alles zu der Musik und zu dem leisen Schnauben meines Onkels Alexander.

Ab und zu sagte er unvermittelt etwas.

»Sarabande«, rief er, »Sarabande.« Und später: »Menuett.«

Der Raum füllte sich mit den Klängen; und weil ich spürte, daß es fast zu Ende war, wünschte ich mir, der Onkel sollte nie mehr aufhören. Als er den letzten Ton angeschlagen hatte, hörte ich, wie er keucht; er war ja schon ein alter Mann. Eine kleine Weile blieb er so sitzen; dann aber stand er auf und wandte sich zu mir. Seine Augen leuchteten, und sie waren ganz groß und dunkelgrün; und er gestikulierte lebhaft mit den großen, weißen Händen.

»Warum stehst du nicht auf?« sagte er. »Du mußt aufstehen.«

Ich stand auf und ging zu meinem Onkel hin.

»Das ist Herr Bach«, stellte er vor.

Ich sah niemanden; aber der Onkel mußte wohl ganz bestimmt jemanden sehen, denn er lachte so merkwürdig und sagte: »Und das ist Philipp, Philipp Emanuel.«

Ich wußte nicht, daß ich auch den Vornamen Emanuel trug; aber später erzählte man mir, mein Onkel Alexander habe bei meiner Geburt darauf gedrungen, weil einer von Bachs Söhnen so hieß.

»Gib Herrn Bach die Hand«, befahl mein Onkel. »Geschwind, gib ihm doch die Hand!«

Ich glaube nicht, daß ich Angst hatte – ich streckte den Arm in die Luft und tat, als schüttelte ich eine Hand. Da erblickte ich plötzlich an der Wand einen Stich: ein dikker Mann mit einer Menge Locken, der mich freundlich, aber von sehr weit her, ansah.

›Johann Sebastian Bach‹ stand darunter.

»So ist's recht«, sagte mein Onkel. »So ist's recht.«

»Darf ich jetzt schlafen gehen, Onkel?« fragte ich; ich war sehr müde.

»Schlafen gehen? Ja, natürlich – wir müssen zu Bett«, sagte er. Und er führte mich in eine kleine Kammer mit gelber, kleingeblumter Tapete und einer alten eisernen Bettstelle mit Messingknaufen.

»In dem grauen Schränkchen ist ein Nachtgeschirr«, sagte er und ging fort. Ich fiel sofort in Schlaf.

KURT TUCHOLSKY

Herr Wendriner in Paris

»Mohjn, Welsch! Na, wie gehts? Ja, wir sind wieder zurück. Seit vorgestern. Komm Se rein. Na, erst an der Riwjera und denn noch 'n kleinen Abstecher nach Paris. Wies war –? Gott ... wissen Se ... wissen Se: Paris is nischt ... manches ist ja schon faabelhaft. Nehm Se ne Zigarre –?

Also wie wir ankomm, regnets in Strömen. Ich denke: schon faul. Richtig: erst mußten wir zehn Minuten aufs Auto warten, der Kerl verstand erst nicht, na, dann gings. Ich hatte mir'n Zimmer reservieren lassen – Grang Hotel, ganz ordentlich. Na, und am nächsten Morgen sind wir dann los. Da hab ich meiner Frau mal Paris gezeigt. Nee, ich war vorher noch nicht da. Na, also die Buhlewars – ein faabelhafter Autoverkehr, na, unerhört. Da stehn die Autos man immer so in sechs, acht Reihen. Das ist schon imponierend. Und fahren tun die Kerls –! Man denkt immer, sie wern einen überfahn, oder man wird umkippen. Kippt aber keiner. Regierer war übrigens auch in Paris – wir trafen ihn auf der Plahßß an der Oper; mir war das sehr angenehm, er hatte die letzten Kurse aus Berlin telegrafisch bekommen, man hört doch immer gern von zu Haus. Sie, hörn Se, schmeißen Sie mir die Asche nich aufn Teppich, meine Frau kann das nicht leiden, hier ham Sie 'n Aschbecher! Na, meine Frau hat eingekauft, nicht zu halten war sie. Wissen Se, soo billig ist Paris nu auch nich. Ich hab ihr unter anderm 'n Jackenkleid gekauft und zwei Kleider, ein großes Abendkleid, dann was fürn Strand, wenn Gott will, wird sie das in Heringsdorf tragen – dafür hab ich bezahlt, zusammen, im ganzen also 3550 Francs, das macht, warten Se mal, das wahn damals ... circa 510 Mark. Dafür hat sies in Berlin auch. Aber sehr schick. 'ne sehr schicke Verkäuferin hat uns bedient ... Gegessen ham wir natürlich bei Prünjeeh. Haben Sie mal bei Prünjeeh gegessen? Nein? Na, faabelhaft. Sehr elegantes Publikum – Engländer, große Amerikaner, offenbar auch viel Diplomatie. Bei Ssiroh? Nein da war ich nicht, das soll ja nicht so gut sein. Im allgemeinen find ich die Portionen 'n bißchen klein, die Orrdöwas sind ja phantastisch, aber die Portionen sind doch 'n bißchen klein. Ein Freund von dem Bruder meiner Frau, der hat einen Vetter, der lebt in Paris, der hat uns in ein Lokal mitgenommen, da komm sonst Fremde nie hin, das war echt pariserisch. Na, und dann wahn wir im Louwer, sehr interessant, wahn Sie auch im Louwer?, ja, das muß man ja. Na, und denn sind wir noch so rumgebummelt, abends warn wir in der Revue, bei der Mistuingett. Ham Sie die Mistuingett mal gesehn? Ach, Sie ham sie gesehn ... Na ja, die ist ja nicht so doll. Die Revue war ja faabelhaft. Aber dann haben wir in einem kleinen Theater da eine Person gesehn, ich weiß nicht mehr, wie sie heißt ... ich komm nicht auf den Namen ... die wern Sie nicht kennen – na, die war faabelhaft. Das hab ich noch nicht gesehn. Die Lichtreklame fand ich ja nicht so aufregend. Ich meine, das haben wir in Berlin auch. Dann wahn wir abends auf Mongmachta – kennen Sie das? Ach, Sie kennen das ... Ja, ich war auch nicht so begeistert. Apachen sieht man gar nicht. Aber dann wahn wir im Perrokeeh – kennen Sie das? Das kennen Sie nicht? Was, Sie kennen Perrokeeh nicht? Na, das ist faabelhaft. Wir ham bezahlt, warten Sie mal, Sekt natürlich, alles in allem 320 Francs.

Das sind ... das waren damals 45 Mark. Im Café de Paris? So, wahn Sie da? Ich war da nicht, das soll ja nichts sein. Dann haben wir Freunds getroffen, wir hatten grade Strümpfe für meine Frau gekauft, und wie wir noch so vorm Laden stehn und umrechnen, wer steht da? Freund. Mit Frau. Ich mag ihn ja nicht. Hat er übrigens den Kredit aus Stuttgart bekommen? Sie, ich wer Ihnen was sagen: das ist ein ganz unverschämter Gauner ist das! Er hat gewußt, ich will den Kredit haben, schließlich haben wir zuerst mit den Leuten unterhandelt ... Er sieht übrigens nicht gut aus. Regierer hat im Klärritsch gewohnt – ich möcht wissen, wie der Mann das macht. Was wir noch gesehn haben? Prünjeeh, die Revuen, die große Opa, Mongmachta, Notta Damm, den Louwer – na, das Wichtigste ham wir gesehn. Weiter ist ja dann auch nichts.

Ja, und einen Abend bin ich allein ausgegangen. Wissen Se ... also ich hatt doch erst den Doktor Hauser aufgesucht, ja, der immer in der ›Weltbühne‹ diese berliner Sachen schreibt. Jedesmal, wenn ich das lese, sag ich zu meiner Frau: ›Regierer – wie er leibt und lebt!‹ Na, er war kolossal erfreut, er freut sich wohl immer, wenn er Landsleute sieht. Ja. Na, und den hab ich nach Adressen gefragt. Seh ich gar nicht ein – wozu bin ich auf die ›Weltbühne‹ abonniert? Er hat gesagt, er wüßt keine ... na, Regierer wußte aber welche, und an der Börse hab ich mir auch welche sagen lassen – und eines Abends hab ich zu meiner Frau gesagt, mein liebes Kind, du wirst müde sein, ruh dich aus, ich wer mir 'n bißchen die Schaufenster ansehn gehn. Da haben wir uns dann 'n Auto genommen, Regierer und ich, allein war mir die Sache zu riskant. Na, wissen Se ... Vorm Haus standen schon andre

Herrschaften, ich dräng mich so vorbei, auf einmal hör ich, wie einer sagt ›Boches!‹ – na, ich muß ja nicht von allem haben und wollt schon vorbei, aber auf einmal hör ich, die Leute sprechen deutsch! Da bin ich ran und hab dem Kerl aber ordentlich meine Meinung gesagt! Wissen Sie die Deutschen auf der Reise ... Na! Ich habn aber ordentlich Bescheid gestoßen. Es war so ein ganz Kleiner, dem hab ichs aber gesagt! Na, und drin war denn alles voller Spiegel, und ein ganzer Saal mit nackten Weibern. Ein ganzer Saal voll. Na, nich rühr an, natürlich. Ich hab die obligate Flasche Sekt bezahlt, die Mädchen haben auch ein bißchen getanzt, eine hat was vorgemacht, eine sehr nette Person, sie sprach auch 'n bißchen deutsch. Ich war eigentlich etwas enttäuscht. Ich hatt mir die Pariserin eleganter gedacht. Überhaupt, nu frag ich Sie: wo ist in Paris die Eleganz? Auf den Buhlewars sind ja manchmal ganz schicke Personen – aber ich meine, sowas sieht man bei uns in der Premiere auch. Ich wer Ihnen mal was sagen: es is sehr viel Blöff dabei. Verstehn Sie? Sehr viel Blöff. Das sag ich Ihn. Na, und am Dienstag sind wir dann weg. Meine Frau wollte noch bleiben. Aber ich hab gesagt, mein liebes Kind – nu is genug Paris. Mein Bedarf ist gedeckt.

Und ich wer Ihn mal was sagen, Welsch – Herrgott, schmeißen Sie doch die Asche nicht immer aufn Teppich! Tun Sie das bei sich zu Hause auch? 'n Gemüt. Ich wer Ihnen mal was sagen: ich reise gewiß gern. Aber wissen Sie, wenn man so lange weg war, zur Erholung, immer in den Halls und in den eleganten Kasinos da unten, an der Riwjera, jeden Abend im Smoking – wenn dann der Zug so nach der Paßkontrolle über die Grenze fährt, und ich seh wieder den ersten Stationsbeamten in

Preußisch-Blau – und man hat wieder seine Ruhe und seine Ordnung nach all dem Trubel – Paris hin, Paris her – könn Se sagen, was Sie wollen –: am schönsten is doch ze Hause –!«

THEODOR FONTANE

Die Goldene Hochzeitsreise

Sie war siebzig, er fünfundsiebzig. Die Goldene Hochzeit war eine Woche vorher im Kreise der Kinder und Enkel (mit Übergehung eines in einem weiß und blauen Korbwagen gebetteten Urenkels) gefeiert worden, und zu Beginn des siebenten Tages sagte der Hochzeiter: »Alte, alles ist abgereist, wohin reisen wir?« Der Alten leuchtete das Gesicht, und sie sagte: »Das ist recht, ich habe auch schon so was gedacht. Reisen. Ja, reisen; das hab ich all mein Lebtag geliebt und bin so wenig dazu gekommen. Weißt du, Alter, laß uns die Hochzeitsreise machen, die wir vor fünfzig Jahren gemacht haben! Wir wollen sehen, was sich seitdem mehr verändert hat, die Welt oder wir.« »Ich fürchte, wir«, sagte er. »Wer weiß«, sagte sie, denn sie wußte sich was, daß sie fünf Jahre jünger und eine frische Frau war. So frisch wie die weiße Bandhaube, die sie trug. »Abgemacht.« Und am neunten Tag fuhren sie gen Italien, und den zwölften Tag saßen sie um Mitternacht mit jungem schwatzendem Volk in einer großen Hotelgondel und fuhren den Canal grande hinunter, unter dem Rialto fort, an dem Palazzo Falieri vorbei und kaum hundert Schritt vor der Lagune in einen

Seitenkanal hinein. An einer Wassertreppe landeten sie und stiegen das hellerleuchtete Hotel hinauf bis in den dritten Stock. »Hochzeitspaare steigen hoch«, sagte der Alte, und sie traten ans Fenster und sahen über dem Häuserwirrwarr vor sich die Kuppelspitze von San Marco und den schlanken Turm des Campanile. Zwischen beiden stand die halbe Mondscheibe. »Wie sonst«, sagte er. »Unverändert.«

Sie gingen nun auf den Markusplatz. Vor die Lauben. Kaffee. Die Tauben von San Marco ... So saßen sie. Dann sagte er: »Findest du einen Unterschied?« »Ja, Herz.« Er sah sie fragend an. »Damals stritten wir uns. Es war alles anders, als ich erwartet hatte; ach, junge Frauen! Sie sind launenhaft. Und in den ersten acht Tagen am meisten. Den Himmel, den sie geträumt haben, finden sie nicht. Er ist auch Erde; sehr Erde. Und ich war keine Ausnahme, Herz. Du sagtest: ›Sieh die schöne Person, die die Tauben füttert. Es muß eine Engländerin sein.‹ Das reizte mich. Und wir waren erzürnt. Sieh, dort steht wieder eine. Wie schön sie ist!«

Sie besuchten nun die »Academia«. Tintoretto. Das Bild von der »Ehebrecherin«. Und die Erinnerung an den alten Streit. Er hatte über den Ausdruck des Gesichts spöttische Bemerkungen gemacht. Das hatte sie übelgenommen. Und sie sagte, als sie nun vor dem Bilde standen: »Ich glaube, Herz, du hattest recht.« Er lächelte. Denn deutlich stand die Szene von damals vor seiner Seele.

Table d'hôte. Er erhielt den Platz oben. Sie saßen neben einer englischen Familie, alte und junge Leute. Früher waren sie ängstlich, jetzt sicher. Sie befreundeten sich mit den andern.

Spät kamen sie von der gemeinschaftlichen Ausfahrt zurück. Die berühmten Räucherkerzchen brannten. Sie plauderten noch. »Wie man, wenn man ruhiger geworden ist, die Menschen anders ansieht. Mir waren die Engländer verhaßt. Damals hatte ich den Streit mit ihnen. Jetzt lieb ich sie. Wenigstens diese. Welche netten, feinen Leute.«

Nun kam der andere Tag. Die Fahrt nach dem Lido. – »Damals sagtest du: ›Wie langweilig. Ich bin müde. Laß mich hier. Ich bin angegriffen. Das viele Sehen. Das viele Laufen. Laß mich ...‹ Damals.« –

Dann standen sie vor der »Assunta« und schwiegen sich aus. Und dann fuhren sie nach Haus. Er blieb unten und plauderte. Sie ging früher hinauf, um an die Kinder zu schreiben. Sie schrieb an ihre älteste Tochter, und der Brief drückte das Glück des Alters aus. Und sie kam auf Bogomil Goltz: »Das sind jetzt zwanzig Jahre her; ich war damals noch frisch und munter, und ich erschrak über seine Worte und ängstigte mich. Er hat unrecht gehabt. Man muß sein Leben nur richtig einrichten. Und von dem Alter nicht das verlangen, was der Jugend gehört. Es fällt vieles von uns ab, aber das, was bleibt, ich sag es Dir zum Trost und zur Erhebung, meine liebe Helene, das ist das bessere Teil, und vor allem auch das glücklichere. Jede Stunde läßt uns jetzt die Vergleiche ziehen, denn wir treten vor all die alten Dinge, und wir vergleichen zwischen damals und jetzt. Und der Vergleich fällt nicht zum Schlimmen aus. Ein neues Leben ist mir in meinem Alter aufgegangen. Heute waren wir in der ›Academia‹, einer Sammlung, die unsern Museen entspricht. Diese Sammlung birgt viel Schönes, nichts Schöneres aber als ein Bild von Tizian: ›Die Himmelfahrt Marias.‹ Sie nennen es die ›Assunta‹. Wir sahen es auch vor fünfzig Jahren. Ich starrte es an, fand es zu dunkel, zu katholisch und ich weiß nicht was. Ich hatte kein Verständnis für die Tiefe, die sich hier erschließt. Nun hab ich sie. Ach, in unsern Jahren, meine geliebte Tochter, versteht man es. Damals verstand ich es nicht. Wir bleiben noch drei Tage, dann gehen wir über Brescia und Bergamo an den Comer See, wo wir die alten Tage auch wieder aufsuchen wollen. Und dann zurück zu Euch. Begleitet uns mit Euren freundlichen Gedanken und seid mit Euren Alten. Mein liebes Kind, Deine alte Mama.«

Er kam herauf. »Hast du geschrieben?« »Ja.« »Darf ich es lesen?« »Ja«; und er las. Er nahm die Feder und schrieb darunter: »Just so.« Dann gab er der Alten einen Kuß, und sie gingen auf den Markusplatz, um die Dämmerstunde und die Gondeln abzuwarten.

JOHANN WOLFGANG GOETHE

Der Chodscha

Timur war ein häßlicher Mann; er hatte ein blindes Auge und einen lahmen Fuß. Indem nun eines Tags Chodscha um ihn war, kratzte sich Timur den Kopf, denn die Zeit des Barbierens war gekommen, und befahl der Barbier solle gerufen werden. Nachdem der Kopf geschoren war, gab der Barbier, wie gewöhnlich, Timur den Spiegel in die Hand. Timur sah sich im Spiegel und fand sein Ansehn gar zu häßlich. Darüber fing er an zu weinen, auch der Chodscha hub an zu weinen, und so weinten sie ein paar Stunden. Hierauf trösteten einige Gesellschafter den Timur und unterhielten ihn mit sonderbaren Erzählungen, um ihn alles vergessen zu machen. Timur hörte auf zu weinen, der Chodscha aber hörte nicht auf, sondern fing erst recht an stärker zu weinen. Endlich sprach Timur zum Chodscha: höre! ich habe in den Spiegel geschaut und habe mich sehr häßlich gesehen, darüber betrübte ich mich, weil ich nicht allein Kaiser bin, sondern auch viel Vermögen und Sclavinnen habe, daneben aber so häßlich bin, darum habe ich geweint. Und warum weinst du noch ohne Aufhören? Der Chodscha antwortete: wenn du nur einmal in den Spiegel gesehen und bei Beschauung deines Gesichts es gar nicht hast aushalten können dich anzusehen, sondern darüber geweint hast, was sollen wir denn thun, die wir Nacht und Tag dein Gesicht anzusehen haben? Wenn wir nicht weinen, wer soll denn weinen! deßhalb habe ich geweint. – Timur kam vor Lachen außer sich.

Verzeichnis der Autoren und Druckvorlagen

LEOPOLD ALAS (gen. Clarín; 1852–1901)

37 Spanische Erzähler des 19. und 20. Jahrhunderts. Zürich: Manesse, 1958. S. 348–364. – © 1958 Manesse Verlag, Zürich.

ERNST BLOCH (1885–1977)

110 E. B.: Gesamtausgabe in 16 Bänden. Bd. 1: Spuren. Frankfurt a. M.: Suhrkamp, 1977. S. 98 f. – © 1977 Suhrkamp Verlag, Frankfurt am Main.

WALERIJ BRJUSSOW (1873–1924)

78 Russische Erzählungen von der Jahrhundertwende bis zur Oktoberrevolution. Hrsg. von Evelies Schmidt. Stuttgart: Reclam, 1988. S. 22–32. – Übers. von Jurij Marašov.

ALPHONSE DAUDET (1840–1897)

7 A. D.: Meistererzählungen. Übers. von Bernhard Jolles. Zürich: Manesse, 1959. S. 213–219 – © 1959 Manesse Verlag, Zürich.

THEODOR FONTANE (1819–1898)

127 Th. F.: Tuch und Locke. Erzählungen aus dem Nachlaß. Mit einem Nachw. hrsg. von Walter Keitel. Stuttgart: Reclam, 1960 [u. ö.]. S. 66–69.

HANNES FRICKE (geb. 1967)

31 Originalbeitrag. – Mit Genehmigung von Hannes Fricke, Leonberg.

MAX FRISCH (1911–1991)

68 M. F.: Stichworte. Ausges. von Uwe Johnson. Frankfurt a. M.: Suhrkamp, 1975. S. 210f. – © 1975 Suhrkamp Verlag, Frankfurt am Main.

ROBERT GERNHARDT (geb. 1937)

92 R. G.: Die Blusen des Böhmen. Frankfurt a. M.: Verlag Zweitausendeins, 1977. S. 70–78. – Mit Genehmigung von Robert Gernhardt, Frankfurt am Main.

JOHANN WOLFGANG GOETHE (1749–1832)

130 J. W. G.: West-östlicher Divan. Studienausgabe. Hrsg. von Michael Knaupp. Stuttgart: Reclam, 1999. S. 377f. [Der Titel wurde von der Herausgeberin formuliert.]

RENÉ GOSCINNY (1926–1977)

105 R. G. / Sempé: Der kleine Nick. Übers. von Hans-Georg Lenzen. Zürich: Diogenes, 1981. S. 64–70. – © 1974 by Diogenes Verlag AG, Zürich.

JOHANN PETER HEBEL (1760–1826)

90 J. P. H.: Schatzkästlein des rheinischen Hausfreundes. Hrsg. von Winfried Theiss. Stuttgart: Reclam, 1981 [u. ö.]. S. 114–116.

FRANZ KAFKA (1883–1924)

30 F. K.: Hochzeitsvorbereitungen auf dem Lande und andere Prosa aus dem Nachlaß. Frankfurt a. M.: Fischer Taschenbuch Verlag, 1983. S. 259f. [Der Titel wurde von der Herausgeberin formuliert.]

KURT KUSENBERG (1904–1983)

51 K. K.: Man kann nie wissen. Eine Auswahl merkwürdiger Geschichten. Reinbek bei Hamburg: Rowohlt, 1972. S. 33–35. – © 1969 Rowohlt Verlag GmbH, Reinbek bei Hamburg.

GABRIEL LAUB   (1928–1998)

56   G. L.: Urlaub muß sein. Satiren zur Freizeit. Frankfurt a. M.: Ullstein, 1995. S. 34 f. – © 1993 by Langen Müller in der F. A. Herbig Verlagsbuchhandlung GmbH, München.

GUY DE MAUPASSANT   (1850–1893)

69   G. de M.: Novellen. Übers. von Doris Distelmaier-Haas und Ernst Sander. Hrsg. von Doris Distelmaier-Haas. Stuttgart: Reclam, 1991. S. 295–300.

CEES NOOTEBOOM   (geb. 1933)

116   C. N.: Das Paradies ist nebenan. Übers. von Josef Tichy. Düsseldorf/Köln: Diederichs, 1958. S. 9–15. [Der Titel wurde von der Herausgeberin formuliert.] – © 1958 Eugen Diederichs Verlag GmbH & Co. KG, München.

ALFRED POLGAR   (1873–1955)

112   A. P.: Kleine Schriften. Bd. 2: Kreislauf. Hrsg. von Marcel Reich-Ranicki in Zsarb. mit Ulrich Weinzierl. Reinbek bei Hamburg: Rowohlt, 1983. S. 196–199. – © 1983 Rowohlt Verlag GmbH, Reinbek bei Hamburg.

GIANNI RODARI   (1920–1980)

76   G. R.: Das fabelhafte Telefon. Wahre Lügengeschichten. Übers. von Marianne Schneider. Berlin: Wagenbach, 1997. S. 19–21. – © 1997 Verlag Klaus Wagenbach, Berlin.

HELFRICH PETER STURZ   (1736–1779)

100   H. P. S.: Die Reise nach dem Deister. Prosa und Briefe. Berlin: Rütten & Loening, 1976. S. 325–329.

LUDWIG THOMA   (1867–1921)

20   L. Th.: Lausbubengeschichten. Tante Frieda. Mit Illustrationen von Olaf Gulbransson. Stuttgart: Reclam, 1993 [u. ö.]. S. 79–90.

ANTON TSCHECHOW (1860–1904)

57 A. Tsch.: Das schwedische Zündholz. Kurzgeschichten und frühe Erzählungen. Berlin: Rütten & Loening, 1965. S. 196–204. – Übers. von Wolf Düwel. – © 1965 Rütten & Loening, Berlin.

KURT TUCHOLSKY (1890–1935)

123 K. T.: Gesammelte Werke in 10 Bänden. Hrsg. von Mary Gerold-Tucholsky und Fritz Raddatz. Bd. 4: 1925–1926. Reinbek bei Hamburg: Rowohlt, 1975. S. 431–433. – © 1960 Rowohlt Verlag GmbH, Reinbek bei Hamburg.

ROBERT WALSER (1878–1956)

36 R. W.: Kleine Dichtungen, Frankfurt a. M.: Suhrkamp, 1985. S. 15f. – © 1978 und 1985 Suhrkamp Verlag, Frankfurt am Main und Zürich. Mit Genehmigung der Inhaberin der Rechte, der Carl-Seelig-Stiftung, Zürich.

KENNETH WHITE (geb. 1936)

12 K. W.: Briefe aus Gourgounel. Übers. von Brigitte Nutz und Andrea Spingler. Wald: Verlag Im Waldgut, 1987. S. 45–53. – © 1987 Verlag Im Waldgut AG, Frauenfeld.

Der Verlag Philipp Reclam jun. dankt für die Nachdruckgenehmigung den Rechteinhabern, die durch den Textnachweis und einen folgenden Genehmigungs- oder Copyrightvermerk bezeichnet sind.